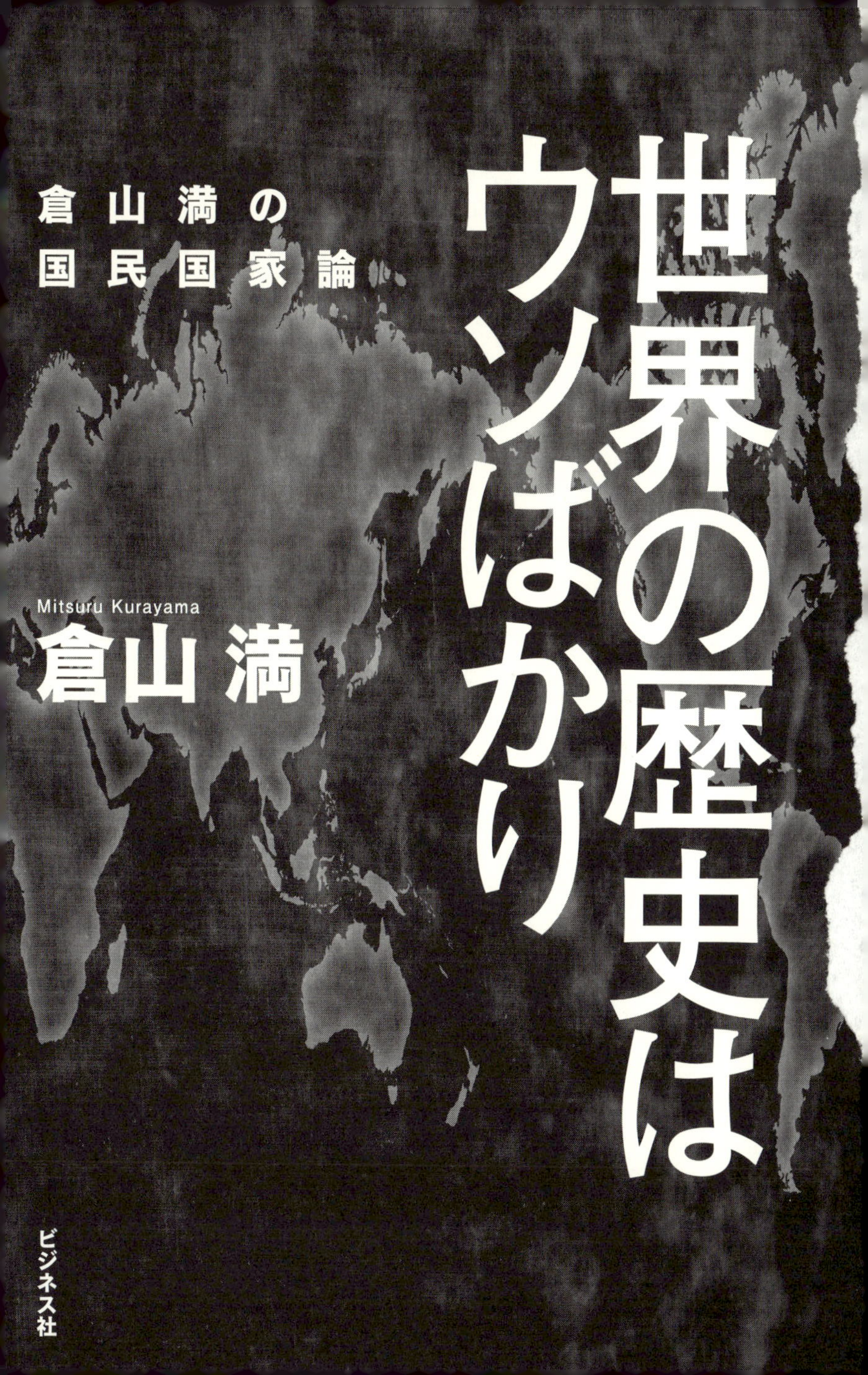

世界の歴史はウソばかり

倉山満の国民国家論

Mitsuru Kurayama
倉山満

ビジネス社

世界の歴史はウソばかり——倉山満の国民国家論　もくじ

序章　日本人がまったく知らない国民国家論

第一章　典型的な「国民国家」フランス

第二章

国民国家の理論でナチズムをやっている中国
主権国家にすらなれていない韓国

第三章 常に異ネーションをかかえた帝国ロシア

第四章　国体と政体の区別がない「人工国家」アメリカ

第五章　「民族主義」のヒトラーに破壊された国民国家ドイツ

第六章　エンパイアから始まった国民国家イギリス

第七章　七世紀には国民国家だった日本

序章　日本人がまったく知らない国民国家論

国家の要素は領域、国民主権

突然ですが、クイズです。

世界にはいくつ、国があるでしょう。

今の時代は便利になったものです。インターネットで手軽に調べてみると、次のような説明が出てきます。


二〇一七年現在、世界には何か国の「国」があるでしょうか。

日本の外務省では、日本を含めて百九十六か国としています。これは、日本政府が

「国」として承認している数です。国際連合の加盟国は、百九十三か国です。加盟条件は主権国家であり、独自の外交権を持っていることです。日本政府が「国」として承認していない北朝鮮は加盟していますが、「国」として承認しているバチカン市国は加盟していません。

また、大日本帝国当時に併合していた地域のうち、台湾は現在、中華人民共和国の都合により「独自の外交権を持っていない」とされ、国連にも加盟していません。日本政府も同じ理由で「国」として承認していません。

百九十六とか、百九十三とかの数字には意味がありません、中東で暴れまわっているイスラム国は誰も国と認めていませんし、ロシアがジョージア（グルジア）から無理やり分離させて作ったアブハジアや南オセチアは世界中のほとんどの国から承認されていません。こうした国々も数えると、世界には約二百の国があると認識しておけばよいでしょう。メディアなどで使われる「国や地域」という言い方に違和感を覚えた方もあるかもしれませんが、国家承認にズレがあるからです。

国際連合において、「加盟国」を英語で表記すると「Member States」、すなわち、国とはState（ステート）を指しています。Stateは日本語で「国家」と訳されます。ちなみに、バチカンは「The Holy See」(聖座) です。辞書的な意味は「the government of the Roman Catholic Church, under the pope」、つまりローマ教皇庁になります。国際機関にオブザーバー参加するなどしていますが、バチカン市国 (Vatican City State) として加盟しているわけではありません。

さて、国家の要素には三つあります。第一に領域、第二に国民 (人民)、第三に政府です。領土・領海・領空を合わせたものが領域ですが、領海・領空の範囲は領土がもとになるので、最も重要なのは領土です。その領土に国民がいて、国民を一つにまとめる能力を持つ政府があって、国家と認められます。主権とはこの「国民を一つにまとめる能力」をいいます (小著『国際法で読み解く世界史の真実』(PHP新書、二〇一六年、七四頁)。

そして、ある政府 (government) が国民 (nation) を一つにまとめる能力、つまり主権があると他国が承認することを、国家承認と言います。

では、その「一つにまとめる能力」とは具体的に何でしょうか。武力です。

武力とは「正当化された暴力」のことで、国内と国外と二つの方向に発揮されます。対内的には、国民が政府に認めた強制力＝法の執行による治安維持であり、対外的には他集団の干渉を排除する力＝条約遵守能力です。国連の加盟条件にある「独自の外交権」とは、この二つの「暴力」がなければ成立しません。国民の反乱を抑えることができなくても、外敵を排除できなくても、他国との約束の履行である外交など不可能だし、国家の体をなさないでしょう。

日本では軍事力を無視して、あたかも話し合いだけで外交ができるという誤解がまかり通っていますが、違います。約束はその場限りではなく、お互い守る力を持つからこそ成立する。韓国に外交がないといわれる所以《ゆえん》です。もっとも、国益のためなら「約束は破るためにある」という面も外交にないわけではありませんが。

混同されるネーションとエスニック

次によく混同されるnation（ネーション）とethnic（エスニック）について解説したいと思います。

主権国家を構成する国民がネーションですが、ややこしいのは日本語では、この言葉を「国民」と「民族」の両方に訳すことがあるからです。両方の区別が厳密ではないのは、日本が世界の中でも稀《まれ》なほど完成された「国民国家」、つまり民族＝国民だからです。日本は「大和民族の国」という国民意識を持つ国（ステート）なのです。

ところで、「民族」を「人種」と混同して使っていることも多々見受けられます。たとえば「日本人は、朝鮮人を人種差別するな」という感じに。しかし、日本人は朝鮮人を民族差別はできても、人種差別はできません。同じ黄色人種ですから。

人種はrace（レース）であり、髪や肌の色といった……外形的な特徴や、遺伝的な形質で分類されます。医学分野の研究では、人種別の遺伝形質によって特定の疾患に対する耐性などの特徴があると指摘されています。つまり、自然科学的に違いを説明できます。

一方、民族（エスニック）は、……文化的な背景による分類です。

日本の民族学の泰斗である大林太良博士は、民族とは人種的な外形的特徴とともに、①文化に基づいて他と区別される集団であること、②伝統的文化の共有という客観的基準と、「われわれ意識」という主観的基準の複合したものが区分基準となること、③区分基準は歴史を通じて生成され変化をとげるもの、という三つの性格を持ったものだとしています（『世界大百科事典』「民族」の項）。

つまり、歴史によりもたらされた伝統文化の共有が「われわれ意識」を生み、民族を分けるわけです。「伝統文化」とは宗教、習俗、倫理観、道徳観、生活習慣といったことです。したがって、どんなに人種が近くても文化的な「われわれ意識」がなければ民族が同じになるとは限らない。

たとえば、西アフリカのリベリアが顕著な例です。リベリアは、アメリカの黒人奴隷だった人々の逆入植によりできた国で、逆入植した人たちは欧米式の教育を受けたというだけの違いで、もともと人種的には近い。

しかしながら、逆入植した少数の人々は支配層となり、もともとからそこに住んでいた大多数の原住アフリカ人と激しく対立するようになりました。人種は近いけれども、原住の部族社会の文化と、持ち込まれた欧米文化の対立は、武力抗争を経て最終的に一つの国にまとまるまで、百五十年あまりを要しています。

人類学者の富沢寿勇博士によれば、「人類」という大きな枠が認識されたことがそれほど古い時代のことではないとして、古代からの「民族名」が居住地域の他動物と自分たちを分ける言葉であったことを紹介し、例として日本の「アイヌ」や台湾の「アタヤル（タイヤル）」、アラスカの「イヌイット」を挙げています。

さらに、「ネーション」を近代国家の成員と定義した場合、国家の境界と民族分布の境界が一致しないことが大多数であることから、現代的な現象として、民族という言葉が従来持つ自他集団の区別という性格に加えて、国内的な政治勢力という意味が含まれるようになったと指摘しています（『日本大百科全書』「民族」の項）。

少しややこしいと思うかもしれませんが、以上を踏まえたうえでネーション（国民）とエスニック（民族）の違いを一言で表します。「主権国家」を持つ能力があるかないかです。

要するに、武力で争って勝ち、国家だと名乗って文句が来ない集団が「ネーション」であり、どれほど国家を名乗ろうとも、他集団の武力に叩きのめされれば「エスニック」です。ここで注意すべきは、人口や居住地域など集団の物理的な規模は関係ありません。たとえば、かつて清《しん》国という大国を築いた満洲人はネーションですが、今や千人もいません。もはやエスニックに叩き落とされました。そしてネーションに戻るという能力はおろか、意思も奪われてしまいました。

一方、トルコをはじめとした六か国にまたがって存在するクルド人は、トルコだけでも一千万人～千五百万人、全体では二千五百万人とも言われる人口規模ですが、厳密にはエスニックです。さりながら、クルド人は「自分たちは主権国家を持つ資格がある集団だ」と武力闘争を現在進行形で続けています。だから周辺諸国も、主権国家を持つ能力は現時点ではないけれども意思はあると認め、ネーションと看做《みな》しているだけです。

エスノセントリズムとナショナリズム

いま挙げたクルド人のように、エスニックにすぎないものをネーションに引き上げようとすることを、「エスノセントリズム」と言います。日本語では自民族中心主義と訳されます。

この「エスノセントリズム」と「ナショナリズム」とが対立概念のように扱われること

がありますが、本質的に同じものです。どちらも共通のアイデンティティ＝「われわれ意識」を持つ集団で、勝つまではエスノセントリズムと呼び、勝てばナショナリズムと呼ばれるというだけの違いにすぎません。注意していただきたいのは、「エスノセントリズム」が高まるとしばしば国家解体に向かうことです。

マルクス主義者でもあったイギリスの歴史家ホブズボウムは、『創られた伝統（文化人類学叢書）』（エリック・ホブズボウム編、紀伊國屋書店、一九九二年）の中で、イングランドに合併されたスコットランドにおける「伝統の発見」をまとめていますが、極端な場合には「民族は発明され得る」とも言われます。

この伝でいけば、「関東人」と「関西人」すら発明されたなら別のエスニックになります。それでは、ここで問題です。日本において、アイヌや琉球は「ネーション」でしょうか「エスニック」でしょうか？　琉球独立論を唱えている人たちは「ネーション」だと答えるでしょう。彼らの最終的な目的は日本国の解体ですから。

沖縄県知事が国連まで行って、分離独立を主張してなぜか許容されているのが現在の日本ですが、それへの反論にしても「大和民族は単一民族」式の雑なものが多くて困ります。その場合の「民族」とはエスニックなのか、ネーションなのかわからないからです。

正解を言えば、「大和民族」「単一民族」と言う場合は、ネーションです。琉球やアイヌがエスニックであるのに対し、上位概念になります。「日本国は単一ネーションの国であり、アイヌや琉球のような異エスニックを含んでいる」と説明すれば本来事足りるのです。ネーションは、「国民」とも訳されることは前に述べました。日本語の「国民」は、外国語におけるnationとethnicを合わせた言葉です。しかし、これができるのは、世界でも日本くらいです。

世界標準からすると特殊で、ユーゴスラビアを建国したチトーは、「ナロード」（主要民族、nation）と「ナロードノスト」（それ以外の少数民族、ethnic）とに分けています。当初、少数民族とされたムスリムが自分たちこそ主要民族だと主張したように、宗教的な背景もあります。

フセイン政権下のイラクであれば、イスラム教の宗派を背景とした主要部族が、その他の少数部族を力でまとめていました。

日本の場合、キリスト教徒と仏教徒が別のエスニックだと主張することも、日蓮宗と浄土宗が別の部族だと主張することもありません。いずれがnation（主要民族）かを争うこともない。そんなことは神話の時代、遅くとも千五百年前に決着しているからです。

日本の「国民」のような両方を包括した外国語が世界にないのは、このためです。英語でも「大衆」にあたる言葉（peopleやpublic）は使われますが、「国民」と「民族」の訳し分けはできないのです。

国家解体と国家統合という二つの潮流

前項で、エスノセントリズムが「国家解体」に向かうということを述べました。もう一つ、国家同士を「統合」することにより、主権を消滅させる「超国家的統合（グローバリズム）」という動きがあります。この観点からみれば、現代とはステートが主権の分割と統合という二つの運動から攻撃にさらされている時代であることがわかります。

主権の分割は、少数民族による分離独立が代表的です。典型的なのはユーゴスラビアです。こうした動きは世界中で起きています。

その根源は、第二十八代アメリカ大統領ウッドロー・ウィルソンです。国家解体の運動は、理想主義の仮面をかぶった人種差別主義者のウィルソンの妄想から始まるのです。

第一次大戦前、バルカン半島はオーストリア＝ハンガリー帝国とオスマン・トルコ帝国、ロシア帝国が角逐する場でした。

第一次世界大戦後の一九一八年十二月、ウィルソンはオーストリアを解体した後、その一角に「セルビア人・クロアチア人・スロベニア人の王国」という長ったらしい名前の国を打ち立てました。やがて、「ユーゴスラビア王国」と名前を変えます。さらに第二次大戦後、ユーゴスラビア連邦と名を変えました。この国は、六つの共和国からなる連邦国家でした。

ユーゴは、もともと多くのエスニックが混住する地域です。冷戦終了後の一九九〇年代の激しい内戦を経て、七つの国に分裂しました。なぜ六つのものを六つに割ったら七つに割れるのか。以上、詳しい経緯は小著『世界大戦と危険な半島』(KKベストセラーズ、二〇一五年)をお読みください。

とにもかくにも、国家解体(主権分割)というのは、今ある国家をどんどん割って増やしていくということです。

もう一つの主権の統合は、EUや国連、もっと極端なものであれば世界政府を作ろうといった、超国家的機関を中心とした統合の考え方です。古くは紀元前四世紀ごろの古代ギリシアに発したコスモポリテスから、世界主義(コスモポリタニズム)まで、思想史には一貫して登場します。ちなみに、コスモポリテスを名乗ったとされるディオゲネスという人は、従来の慣習や権威から解放されるのだと言って、人の社会の中にいながら自分だけ野生動物に回帰した御仁です。「恥をかなぐり捨てるのが良い」という哲学の実践だったとか。

コスモポリタニズムと似て非なるものが、国際主義(インターナショナリズム)です。

主権国家の存在を前提として、協調のために主権をお互いに制限することを認め合おうという考え方です。

一九七〇年代以降は「グローバリズム」が台頭しました。経済分野での地球規模の市場統合をグローバリゼーションと呼びますが、グローバリズムは一般に、グローバリゼーションによる地球規模での富の偏在に対応するための超国家的統合のことだと説明されます。コスモポリタニズムを基礎とする「地球統治」（グローバル・ポリティクス）と、インターナショナリズム的な主権国家間の合意が混在した考え方で、代表的な例が欧州連合（ＥＵ）です。

ＥＵの例でいけば、各国代表が集まるＥＵ首脳会議が立法を担い、議会・行政にあたるヨーロッパ委員会が共通の議会とされ、司法機関にあたる司法裁判所を設置し、共通通貨を発行するところまで進展しました。とはいえ、どの参加国も完全に主権を手放す気はありませんが。

域内全体の経済と参加国の財政の関係という問題が深刻化したことを契機に、フランスやオランダ、イタリアが離脱を検討し、最近ではイギリスが離脱を決めました。一方で、二〇一二年のスコットランド独立問題では、イギリスから独立し、北海油田の利権を確保してＥＵに加盟するといった話も出ました。

欧州連合は、内部では超国家統合に進んでいるように見えて、実は外部に対して極めて排他的な仕組みです。加盟に際しては候補国に一定の条件を課し、国内の制度や法制の変更が必要とされます。トルコのように、一九六三年のEECへの加盟申請以来、数十年にわたる交渉が暗礁に乗り上げたケースもありますし、クロアチアのように二〇〇三年の加盟申請から十年かけて、EUにひたすら頭を下げ続けてようやく承認された国もあります。イギリスが行ったEU離脱を問う国民投票が話題になり、オランダやイタリア、フランスでも国民投票の請願が出されていますが、加盟時にも国民投票で是非を決めたのがクロアチアです。逆にいうと、本来主権を行使する政府が意思決定できないことを表しています。ちなみに、加盟賛成はおよそ六六%でした。国家の命運を決めるのに、これが多いか少ないかは評価が分かれるところでしょう。

EUをめぐる動きは、解体と統合のいずれも既存の主権国家の解体という点で共通していることを示しています。国家解体により分離した小国家を、国家統合で吸収するという野合の仕組みとなっているからです。

ヨーロッパが苦労して獲得した体制が「国民国家」

ネーション・ステート（国民国家）が世界史に登場するのは古くはありません。国民国家の前段階である「主権国家」も、一六四八年のウェストファリア会議から始まります。この時代の主権国家は、「領邦主権国家」ともいい、この会議により、国王が皇帝や教皇の支配から独立し、国王同士が対等の関係で、それぞれの領邦と人民を治めるという並立体制を承認されるようになりました。これにより近代化への道が開けたのです。

この頃、土地と人民は国王の所有物です。だから「領那」です。人民を「人」だと思うとわけがわからなくなりますが、「人」のカテゴリに含まれるのは所領を治める特権貴族だけです。特権貴族の筆頭である国王の上に神聖ローマ皇帝やローマ教皇がいました。王様は土地と人民を所有しつつ、ローマ教皇や神聖ローマ皇帝に治められる対象だったということです。

ヨーロッパの王様がみな縁戚《えんせき》関係にあるのも、これが理由です。「人」が何民族であるかは関係ないので、イギリス人の王様を追い出してオランダ人の王様を連れて来ても構わないのです。

スコットランドのメアリ女王が晩年幽閉されたのは、イングランドのエリザベス一世よりも血縁としては前王に近いので、イングランドの王位継承の正統性を主張し得るからです。ドイツ人が王位に就いたときも、王様の遠縁の親戚だったからです。

一国の王室だと思うとわけがわからなくなるのですが、名家同士の結婚や家督相続と考えるとわかりやすいでしょうか。誰が跡継ぎになるか、誰と結婚するかという話で、関東の名家が関西の名家と縁戚関係になる感覚です。

これが日本人に理解し難いのは、天皇と一般の民、その辺にいる孤児まで含めて、同じ日本人だという認識が七世紀には確立して現在まで続いているからです。ヨーロッパでは、教皇と皇帝の下に位置する貴族（王様）階級という縦のつながりと、貴族階級という横のつながりで成り立っていたのを、新たに各所領における王様から人民までという縦のつながりを「国の単位」としたのが十七世紀のウェストファリア会議なのです。日本に遅れること、およそ十世紀。

ローマ教皇は、このときのウェストファリア条約の無効を宣言しますが、三十年戦争で疲弊していた諸侯は、誰も言うことを聞きません。ローマ教皇が国際法上の主権を持つことになったのは、二十世紀になってからのことで、一九二九年、イタリアのムッソリーニ首相と交わされたラテラノ協定で、冒頭で触れたバチカン市国は、このときに成立しました。

こうして領邦主権国家体制（国王による人民支配）により現在の主権国家につながる原型ができた後に、百年以上かけて、やがて国民（nation）自身が国家（state）を持つ体制へと移行するようになる。そうして獲得したのを「国民国家（nation-state）」といいます。

国民国家とは今ある国家体制の中では一番恵まれた体制なのです。むろん、ひと口に「国民国家」と言っても、成立するまでの歴史的経緯も現状も各国で一定ではありません。逆にいうと理想的な「国民国家」像は世界にはなく、日本ただ一国だけです。

前に「国家解体」の運動はウィルソンの妄想から始まったと書きましたが、「民族自決」という名の妄想が国際社会に公認されるのが一九一九年、第一次大戦後のベルサイユ会議です。そして、ここから一九四五年、第二次世界大戦後に国際連合が成立し、国連憲章で世界がまったく変質するまでの期間が過渡期です。

二十世紀は「共産主義」が席巻した時代でしたが、これはウィルソニズムの亜流です。国家というのは先に述べたとおり、暴力でまとめ上げているものですから、国民からすれば本質的に理不尽なものです。北朝鮮をみればわかるでしょう。そうした国家の理不尽を一切認めないとする最も極端な思想が「無政府主義」であり「共産主義」です。二十世紀は共産主義という新たな理不尽を押し付けようとして失敗した歴史です。これに対して、国家による「理不尽」を許容できる範囲に収めようというのが穏健な「保守主義」です。穏健というのがポイントです。「保守主義」というのは本来穏健な思想で、過激なのが「共産主義」です。

そして、理不尽を許容するために人々に求められた国家体制が、本書の主題である国民国家（ネーション・ステート）です。

国民国家には、二つの大前提があります。nationを一つにまとめ上げる主権と、nationであるという共通意識です。

ナショナリズムは排外主義ではない

国民国家へと大きな変化のきっかけとなったのは、一七八七年から一七九九年までのフランス革命と、一七九五年に始まり、一八一五年に最終的に決着するナポレオン戦争です。

ナポレオン戦争は、それ以前と以後で戦争の概念を変えたと言われ、軍事学の戦史でも必ず取り上げられる戦争です。この戦争を戦ったプロイセンの軍人、カール・フォン・クラウゼヴィッツは、政治と軍事の関係を『戦争論』にまとめました。旧来の戦争理論とは大きく異なる戦争となったからです。

戦争は対等な王様同士の決闘です。決闘は、貴族の特権であり儀式です。戦う資格のある者だけに認められた権利なのです。民草は補給代わりに略奪されるくらいで戦争自体には関係なく、当然栄誉とも関係なく、王様が雇った傭兵《ようへい》が駒《こま》として戦います。

ナポレオン戦争は、それまで王様の傭兵によって行われていた戦争が、大衆の軍隊による戦争になったこと、それに伴う戦術の変化で特筆されます。大衆の軍隊というのは、

「〇〇人」という共通意識でまとまった軍隊のことです。

日本にたとえると、パリを京都とすると、それまでは京都と関西、関東、その他と分かれていたものが、京都人と関西人とその他まで一体になって、「自分たちは日本人だ！」とまとまったのが十八世紀のフランス革命であり、ナポレオン戦争であるということです。ちなみに、私の出身地である香川県は、このたとえでいくとコルシカあたりです。

この「〇〇人」だという共通意識を排他的集団意識と言います。

自分たちの集団と、他集団を分ける排他性（exclusive）は、ナショナリズムにおいて健全な思考です。自他を区別する認識がなければ、いずれも存在しえないからです。昨今は、この排他性を排外主義と読み替えてナショナリズム批判にすり替えることが行われてきましたが、排外主義はショービニズム（chauvinism）といって、別のものです。排外的愛国主義、盲目的（好戦的）愛国主義とも言います。英語では、ジンゴイズム（jingoism）とも言います。イギリスのディズレーリ首相による対外政策を支持した人々をJingoと呼んだことがもとになった言葉です。偏狭な愛国主義、盲目的主戦論などと同じ意味になります。

古代の部族（tribe）社会における排他性がショービニズムに近いとも言われます。よそ者が生活圏内に入ることが生存を脅かされることに直結する時代ですから、侵入即攻撃です。

血統に基づく氏族による小部族統治は、国家以前の「ムラ」や「クニ」形成のもとになったもので、現在でもアフリカは村ごとに部族の長（王様）がいる社会です。アフリカの五十三か国中、五十か国が共和国です。では、その内情はと言うと、部族数は一つの国でも数十にのぼり、多いところではタンザニアの二百あまり、コンゴ民主共和国では三百以上を数えます。

大統領がいる国であっても、その中の村にそれぞれ国王がいるという、部族社会が残っています。ヨーロッパの人々がアフリカに進出したころは大統領制などもなく、そういった部族による統治地域が点在していました。

こういった部族社会は古代社会の特徴で、さかのぼれば日本もそうでしたし、ヨーロッパでも同様です。白人社会と、白人に支配されなかった国は、そういった部族が統合していって村から国になりました。有力な部族が力でまとめていったからです。一方、白人の植民地にされた地域は、部族統合がされる前に、つまり「村」のまま侵略を受けました。

先に書いたとおり、戦争は「対等な主権国家同士の決闘」です。これを「決闘の法理」といいます。ルールを守る意思と能力がない者は、戦争をする資格がありません。ヨーロッパのルールですから、アフリカ大陸やアジアなどヨーロッパの域外では当てはまりません。だから、植民地の征服は戦争ですらなく、ただの殺戮《さつりく》や略奪にすぎない。人間扱いしないから、ヨーロッパ人の植民地は残虐だったのです。

本来はネーションの原型となるはずの部族を片っ端から力で叩きのめしてエスニックにしていったのが白人支配で、叩きのめした土地を併合し国を大きくしていきます。これを、empire（エンパイア）といいます。したがって、エンパイアにネーションやエスニックのような「われわれ意識」は必要ありません。

人類の文明は東方から始まった

さて、ここでざっと人類の歴史――村から国、ネーションになる過程、日本語では「帝国」と訳されるエンパイアの誕生と解体の歴史を眺めてみましょう。いかにネーションとかエスニックの区別がいいかげんか、必ずしもネーション・ステート→エンパイアの順で成立したわけではないことが、わかります。

多くの日本人が誤解していますが、ヨーロッパが世界史の中心になったのは、たかだか最近の二百五十年ほどです。むしろ、アフリカの、地中海に面した北部は文明の先進地域でした。

人類の文明史は、オリエントから始まっています。地中海アフリカは、ナイル川に沿って発展したエジプト文明がありました。統一王朝ができたのは、紀元前三〇〇〇年ごろです。ナイル川の氾濫《はんらん》の時期を知るために天体の観測が早くから行われ、一年が三百六十五日、一日二十四時間の太陽暦が採用されていました。

エジプトの東側、現在のイラクのあるあたりは、メソポタミア文明の名前で知られています。王朝が分立した状態から、統一王朝であるバビロン第一王朝が成立したのが、紀元前一八九四年です。

もう少し東側、現在のインドではインダス文明が栄えました。最盛期は紀元前二〇〇〇年代といわれますが、沿岸部に残る遺跡から、メソポタミアとの海上交易が行われていたことがわかっています。

これらの文明については、小著『真実の世界史講義 古代編』（ＰＨＰ研究所、二〇一七年）で紹介しておきましたので、詳しく知りたい方はどうぞ。

よく、ヨーロッパ人の文明のルーツとして取り上げられるエーゲ文明は、紀元前三〇〇〇年ごろから紀元前一二〇〇年ごろといいますが、青銅器文明ですから、同時期のエジプトやメソポタミアの文明には、技術や文化ではるかに及びません。

白人が入植する前のアメリカ大陸でも、紀元前二〇〇〇年よりも前の段階で農耕が始まり、後にマヤ文明やアステカ文明といった優れた文明が発展しました。白人に滅ぼされたのは、文明的に劣っていたのではなく、軍事力がなかったからです。

現在の中東周辺の古い文明は、共同体意識よりも支配・被支配による社会で、文明間での争いも時にありますが、国境のような境目は明確ではありません。インダス文明は古くから、土地の傾斜を利用した灌漑《かんがい》農業で知られていて比較的定住度が高いのですが、基本的には豊かな土地を獲ったり獲られたり、騎馬遊牧民族の侵入と戦ったりという時代でした。肥沃な土地を治めるのがペルシア人のこともあれば、シリア人の時代もあり、同じ場所を支配した歴史的記憶を異なる民族がそれぞれ持っている地域です。

現在のイランにあたるペルシアあたりは、中央アジア側ではオアシスを中心とした都市国家が興亡し、西側の高原地帯はアケメネス朝やパルティア、ササン朝といった歴代王朝が栄えます。伝統的に十九世紀に至るまで遊牧民が人口の大多数を占める国ですが、九世紀には民族王朝が成立しました。

なお、八世紀の日本に遣唐使がペルシア人を連れ帰ったことは、『続日本紀』にも記載があり、聖武《しょうむ》天皇に目通りした「波斯人李密翳」という名前が記録されています。二〇一六年には、平城宮跡から「破斯清通」という名前が書かれた木簡が出土して、ニュースになりました。大学寮での宿直の記録です。

古代文明の話に戻りますが、この時代のヨーロッパでは、ギリシアだけが文明です。地中海とエーゲ海に面したバルカン半島の突端で、アテネやスパルタといったポリスと呼ばれる都市国家が発達しました。成立したのは紀元前八世紀ごろで、最盛期は紀元前五世紀ごろです。

ポリスは、自然の丘陵地形を利用した高台にある神殿が特徴です。都市ごとに守護神などを祀《まつ》ったもので、城塞《じょうさい》が築かれる以前は軍事関連施設です。非常時に市民を収容するための避難所を兼ねていました。神殿のある高台をアクロポリスといい、高台と都市の中心広場を中央にして町の周囲を城壁で囲い、壁で囲った範囲を「国」と呼びました。

壁で囲まれた範囲を国とするのは、アジアでは中国も同様です。ユーラシア大陸の中央部分は、圧倒的に遊牧民・騎馬民族が優勢で、力のある者が餌《えさ》を求めて移動する特色があり、大陸東端の中国と西南端のギリシアは壁で囲いました。したがって、そのころの国は外部からの侵略を防ぐ意味合いが強く、規模も大きくはなかった。

当時の都市国家は、それぞれの都市ごとに異なるアイデンティティを持っています。紀元前五世紀前半にはペルシアの遠征により戦争になり、このときは都市国家間で連合するのですが、最盛期は極めて閉鎖的・排他的です。その反動で前述のコスモポリテスが登場しました。アテネとスパルタが都市国家群を二分して戦ったペロポネソス戦争（紀元前四三一～四〇四年）以後の衰退期のことです。

なお、ペルシア戦争は確かにスパルタを中心に勝ちましたが、日本で言えば北条時宗《ときむね》が元寇《げんこう》を撃退したくらいの話です。当時の世界の中心の侵入を一度防いだだけでヨーロッパが人類の中心になるのなら、モンゴル帝国から防衛した北条時宗は世界の支配者を名乗れます。

なお、「スパルタ教育」の呼び名で知られるスパルタの社会制度は、軍国主義の極みで社会がまるごと兵営という仕組みです。兵士の数を維持するために土地相続や職業の規制をし、兵士の質を望ましい水準に保つため、市民資格を持つ男子は全員が同じ内容の夕食を摂らねばならないといった生活様式がユニークです。

ギリシアはペルシア戦争で東方からの侵入を防衛したものの、その後二千年、東方文明に勝てないのがヨーロッパです。オスマン・トルコやモンゴルといった巨大帝国の時代には、勝つどころか支配されました。唯一といっていい例外が、マケドニアのアレクサンダー大王（在位紀元前三三六〜前三二三年）です。父フィリッポス二世（在位紀元前三五九〜前三三六年）のときに組まれたギリシア連合の盟主の地位を継ぎ、マケドニア軍・ギリシア連合軍を率いてペルシア遠征に向かいます。一代限りのことですが、エジプトとイランを制覇しました。ヨーロッパ人が初めて東方文明に勝ちました。

アレクサンダー大王は、ペルシア遠征でリディア、フリギアといった小アジア（アナトリア・現在のトルコ）を占領し、シリアへ南下すると戦いながらフェニキア（現在のレバノン）へ抜け、エジプトに到達します。エジプトのメンフィスでファラオ後継者として戴冠《たいかん》すると、シリア経由でメソポタミアに入り、バビロンでは現地の儀式を執り行います。現地のネーションを呑み込んで、最終的にペルシア帝国の首都スーサを占領し、一代で帝国を築きます。ヨーロッパ人によるエンパイア（多ネーション支配）の始めです。

アレクサンダー大王は征服地に多くの都市を建てますが、特にエジプト征服で建設したアレクサンドリアは、大王の死後勃興《ぼっこう》したエジプトのプトレマイオス朝により発展し、交易や商工業が栄えたほか、学問が興隆します。ここで書かれたのが、ギリシア語訳の『旧約聖書』です。膨大な文献を集積したアレクサンドリア図書館は有名で、後にカエサルに焼かれ、四世紀にはキリスト教勢力によって破壊されました。なお、この復興は近年、エジプトの国家事業になっています。二〇〇二年、ユネスコの後援により新アレクサンドリア図書館が開館し、イスマイル・セラゲルディン元世界銀行副総裁が館長となっています。

グローバリズムの正体はエンパイア

紀元前二七年にはローマ帝国が成立します。紀元前五世紀ごろからの共和制ローマと、アウグストゥスが初代皇帝となった帝政ローマは、ローマの歴史において区別されるのが一般的ですが、実は最後まで共和制です。

当初のローマは都市国家の一つで、エスニックでした。それが周辺のエスニックやネーションに侵攻し、地中海アフリカのカルタゴ（現在のチュニジア）を比喩《ひゆ》ではなく灰にして滅ぼし、地域の覇権を確立しつつ、百年にわたって内戦をしながら周辺の国々を併合していくのです。

紀元一世紀末から、およそ百年にわたってローマ帝国の黄金期といわれます。この時期に続いた五人の皇帝を五賢帝と呼びます。この中の最初の二人、トラヤヌス（在位五三〜一一七年）とハドリアヌス（在位一一七〜一三八年）の治世は、ローマ帝国が異ネーションを支配した時代です。ハドリアヌス帝のときに、ブリテン島（現在のイギリス）に到達します。

アレクサンダー大王が建てた帝国は、三百年を経て分裂していました。ローマはこれらを呑み込んでいきます。イタリア半島を統一し、ギリシアを統一したところでヨーロッパの統一が成り、ネーションになりました。ヨーロッパの他の地域が関係ないのは、当時不毛の僻地だからです。

ネーションとなったローマ帝国は、エジプトを征服し、ペルシアの一部を征服します。エジプトもペルシアもネーションであり、かつ他のネーションを支配するエンパイアです。

ペルシア帝国の被征服民統治は、軍役・貢納の義務付けと、宗教や風習に対する寛容です。この統治の方法はペルシアを中心に東西へ広がり、チャイナもローマ帝国も真似をしました。アレクサンダー大王にしても、先で述べたように戦いながら、要所を占領しながら通過していきますが、征服しながら「その土地の王」となっています。ずっと時代が下って、モンゴル帝国によるモスクワ（ロシア）統治にも共通する特色です（第三章を参照）。

エンパイアとは、異なるネーションを支配領域に併合したもので、日本語で「帝国」と訳されますが、正確な訳語は「版図」です。皇帝が支配するから帝国だというのは、漢字文化圏の勘違いです。中華帝国は皇帝が治めるから帝国なのですが、ローマ帝国の皇帝は、制度としては最後まで大統領なのです。属州（プロヴィンキア）は海外領で、地中海ではシチリアやヌミディア（旧カルタゴ）、西はガリア、ヒスパニア、ブリタニア、東は小アジア、エジプト、シリア、バルカン半島ではトラキア（ブルガリア）やダキア（ルーマニア）、北側ではパンノニア（現在のハンガリー）など、多数にわたります。これらを総督が治め、統括したのが皇帝です。結果的に世襲されてしまった大統領のことを皇帝と誤訳したので、現在のような理解になっていますが、皇帝を帝国の必須要件だと思うと、重要な視点が抜け落ちてしまいます。

何かといえば、現代において、エンパイアが「グローバリズム」と名前を変えて復活しているとです。グローバリズムは、世界の最強国にとって、他の国を征服する道具なのです。米国にとってはグローバリズムがアメリカニズムになるのが当然です。中国共産党がウイグルやチベットを含めて大陸の領域で採っている政策や、東南アジア、アフリカで行っている露骨な札束外交などは、その典型です。

ローマ帝国が取り入れた宗教・風習に対する寛容は、最終的にキリスト教というカルト集団に乗っ取られて変質しました。東西に分裂し、エンパイアが解体されていきます。以後、ローマ帝国時代に蓄積された技術や知識の否定と、教義に基づく生活様式を押し付けていく暗黒の中世となります。これを再びまとめていくうちに、ヨーロッパは血みどろの戦乱を経て、一六四八年を迎えることになるのです。

ネーション・ステートの成立とエンパイアには、時系列に関係はありません。イギリスなどはネーション・ステートになる前に植民地獲得というエンパイアをやっていますし、ロシアのように最初からエンパイアの国もあります。

自他認識の確立が早かったスペインとポルトガル

戦乱期の中世ヨーロッパは、ローマ帝国の解体により、ネーションとしてのアイデンティティの中心が消滅した混乱期であるとも言えます。先の項で触れた共通意識は、各国各様ですので、いくつか例を挙げておきます。

その中で、スペインとポルトガルが比較的早く自他認識を確立する契機となったのは、イスラム勢力に対する国土回復戦争（レコンキスタ）です。

七世紀なかばから八世紀にかけて勢力を振るったウマイヤ朝は、地中海アフリカを押さえ、そこを足がかりにイベリア半島まで版図を広げます。この北進をフランク王国が何とか阻止したのが七三二年のトゥール・ポアティエの戦いです。

ウマイヤ朝は東ローマ帝国のコンスタンティノープルを三回にわたって包囲し、強大な勢力を誇ります。イベリア半島をイスラム勢力に抑えられたキリスト教勢力は、十一世紀後半まで北部山岳地帯に押し込められました。イスラム勢力の支配地域をアル・アンダルスと呼び、コルドバを首都として数百年にわたってイベリア半島の東部から南部にかけての地域を統治しました。このころも、東方の帝国のほうが圧倒的に強いのです。

イベリア半島での国土回復戦争は、一四九二年のグラナダ開城までの抗争のことで、この過程でポルトガルはローマ教皇の後見によりポルトガル王国を建国し、異教徒との対立抗争が常態という中で絶対王政が確立されることになります。強力な外敵によって「われわれ意識」が形成され、十三世紀なかばにはイスラム勢力から国土を取り返し、次の王朝で大航海時代に先鞭《せんべん》をつけます。南アフリカの突端にある喜望峰を回るインド航路を開拓したバスコ・ダ・ガマはこの時代の下級貴族で、ポルトガルがアメリカ新大陸に植民地（現在のブラジル）を持ったのは、このポルトガル王国のときです。

スペインの場合は、西ゴート王国の崩壊以後、統一的な政権や王朝があったわけではありませんが、歴史的記憶として共有されています。後ウマイヤ朝の崩壊により統治が動揺すると、イベリア半島中部のカスティリャと、北東部のアラゴンが勢力を伸ばしました。後にそれぞれカスティリャ王国とアラゴン連合王国を建てることになりますが、最後まで残ったアル・アンダルスの中心であるグラナダ攻略を目的として連合し、後のスペイン帝国へと発展していくのです。

ポルトガルやスペインはときどき一つの国になったりします。言語的にもポルトガル語とスペイン語は関東弁と関西弁との違いくらいで、別の国にはなりましたが、国土回復戦争の記憶を共有しています。

ネーデルラントの一部だったオランダ

この二国とともに、十六世紀以降の南蛮貿易で日本と関係の深いオランダは、十五世紀に独立するまで、ネーデルラントの一部でした。ベルギー、ルクセンブルクと共通の歴史的記憶を持ちます。この三国を合わせてベネルクス三国と呼び、現在のＥＵの大もとであるヨーロッパ経済共同体（ＥＥＣ）の原加盟国です。

ネーデルラントは、カエサルによる征服以降ローマ帝国の属州となり、三世紀以降は北東部からザクセン人が、南部からはフランク人の侵入を受けます。

八世紀なかばにフランク王国の支配下に置かれ、キリスト教化します。九世紀なかばに三分割され、後半にドイツ領になると、諸侯の領地となりました。以降も十五世紀前半まで、フランスのブルゴーニュ家の領地になったり、ハプスブルク家の領地になったりという歴史です。十六世紀初頭の宗教改革でカルバン主義が席巻し、なかばにスペインの統治下に置かれると、プロテスタントに対する大弾圧が始まりました。

貴族と民衆の反乱により、一五六八年、スペインとの間で八十年戦争になります。一五八一年にスペインからの独立を宣言、ネーデルラント連邦共和国が成立します。この独立戦争を率いたのがオラニエ公ウィレム一世で、後にイギリスの名誉革命で招請されるウィレム三世は孫にあたります。ネーデルラント連邦共和国は、一六四八年のウェストファリア条約で正式に独立が承認されました。

この八十年戦争で独立していく過程は、オランダのネーション・ステート化の経緯と言えます。また、当時プロテスタントの牙城《がじょう》でもありました。イギリスからアメリカ新大陸に渡ったピューリタンたちも、いったんオランダに亡命しています。ただし、国教そのものはネーション・ステートの成立においては重要な要素ではありません。宗教が違うから国をまとめられないのは確かにそのとおりなのですが、宗教が同一の国などないからです。国民に信仰の多数派少数派はありますが、いかにその違いを超える共通意識を持ったかが重要なのです。

オランダは、まさにそれでベルギーが分離しました。ナポレオンに踏み潰《つぶ》されるなど、何度か政体が変わります。最終的に現在の立憲君主政体を持つオランダ王国になりましたが、現在使われている国旗は独立戦争のときにオラニエ公が使っていた軍旗が由来ですし、国歌「Het Wilhelmus（Wilhelmus van Nassouwe）」もこのころに作詞されたものです。しかし、ベルギーにとっては、この独立戦争は、かつてネーデルラントで商業と文化の中心地だった自分たちの繁栄がオランダに移行してしまった戦争に他ならなかったのです。歴史的記憶を共有できなかったから、別の国になったということです。

ネーションの興亡

他にも、ハンガリー（マジャール）は、十三世紀にモンゴルに襲われ、十五世紀にはオスマン帝国の支配を受けて、百五十年以上分割されたうえ、十七世紀にオスマン帝国から解放されたと思ったら、ハプスブルク家に捕まります。とはいえ、部族社会を統合した統一王国として成立した歴史的記憶を持ち、神聖ローマ皇帝を出しています。

ハプスブルク家の治めるオーストリアは、第一次大戦まで多民族エンパイアです。ハンガリーが広範な自治権を要求したら、オーストリア＝ハンガリー帝国になりました。二重帝国です。ちなみにその後、ハンガリーの中でチェコスロバキアがネーションであると主張します。するとクロアチアがうちもネーションだと主張を始め、収拾がつかなくなった結果が一九九〇年代のユーゴ紛争です。現在ではチェコとスロバキアも別の国になっています。

神聖ローマ皇帝を出したと言えば、ルクセンブルクは百年間にわたり皇帝を出している名門です。現在はフランスとドイツ、ベルギーの狭間にある小国ですが、ベルギーやオランダとは格が違うという誇りがあります。中世の領邦国家が現在まで続いている大公国で、政体は立憲君主制です。

民族のるつぼのバルカン半島でも、ブルガリアはトルコ系のブルガール族がスラブ人と同化していき、九世紀にはシメオン一世がビザンティン帝国に朝貢させ、「ローマ人の皇帝」を名乗ってしまいます。

スロベニアなどは、六百年にわたるハプスブルク家の統治の下、「ハプスブルクの長女」と呼ばれ、文学が発達し、ネーションとしてのまとまりを持っていました。歴史上、主権国家を名乗ったことがなかったのですが、一九九一年にユーゴスラビアからいきなり独立します。ユダヤ人が二世紀に国土を失って以降、二千年にわたりアイデンティティを保ち続けているものの、国土を回復できずにいるのとは対照的です。

ポーランドなどは何度も分裂と再統合を繰り返してはいたのですが、十八世紀末にロシア、プロイセン、オーストリアに分割されて以降、百年以上世界地図から消えていました。復活したのは第一次世界大戦後ですが、第二次世界大戦が始まるとドイツとソ連に折半されます。第二次世界大戦では総人口の五分の一を失い、戦後はソ連圏に入れられますが、一九八〇年代から非社会主義化を目指しました。他からの支配を受けていないときには、内部分裂も激しいですが、一貫してネーションのアイデンティティを保っています。

ヨーロッパの中でも、スウェーデンやデンマーク、ノルウェーの三か国は領土が狭く、気候条件は厳しいうえに人口も少ないので、同胞意識や一体感の強い地域です。もとはバイキングの国々で、十四世紀からは三国で同君連合を組みます。十六世紀にスウェーデンが離脱し独立しますが、デンマークとノルウェーの同君連合は十九世紀まで続くなど関係も深く、同じ国なのか違う国なのかは王室の都合だけでした。フィンランドは十二世紀からスウェーデン領で、ロシアの勢力が伸びるに従って緩衝地帯となります。

北欧は古くから相互に往来のある地域なので、語学の平均はトリリンガルです。トリリンガルというのは、母語と英語以外に三か国語という意味で、日常会話レベルだと語学ができるうちに入らないといいます。日本語でいえば、お役所の書く「霞が関文学」がわかる、あるいは古典に通じていて初めて語学ができると言えるのです。それが母語と英語以外に三か国語いけます、という世界です。

じつは狭かった中国の「国」の認識

その中国といえば、中華思想とか華夷《かい》秩序などといって、上から下まで一定の国として認識しているように言われますが、大きな勘違いです。

ギリシアのところで出て来たように、中華帝国も壁で囲った範囲が「国」だという認識なのですが、その最小単位は宮殿です。町ですらなく、民も含みません。一九一一年に辛《しん》亥《がい》革命が起こり、中華民国が成立した後も、紫禁城の中は治外法権——つまり別の国です。皇帝の直轄領が増えれば、宮殿よりも大きくなるという、それだけです。あくまでも国意識が主観で、皇帝がいるところと、その周辺で役人を直接派遣した範囲を中華といいます。

四方に野蛮人がいるので、北狄《ほくてき》、南蛮《なんばん》、西戎《せいじょう》、東夷《とうい》と方角で呼びますが、国の所在という物理的な方角とは関係ありません。日本や朝鮮は東夷と呼ばれ、ベトナムは南蛮です。ポルトガルやスペインも、南のほうから来たので南蛮人です。北方騎馬民族は北狄ですし、西からシルクロードを渡って来る連中は西戎、ローマ帝国も西戎です。あくまでも彼らの主観なので、仮にバルタン星人が来たら北狄とするのではないでしょうか。大英帝国など、東から艦砲射撃しながらやって来たから東夷（英夷）です。

先の項で触れた部族（tribe）などは、村単位ですから一体感や排外意識は強いのですが、ネーションとしての共通意識かと言えばまた違います。

古代アステカ帝国のあったメキシコを例に取れば、現存している先住民でも五十六もの民族集団があります。総数で八百万～一千万人にのぼりますが、言語もナワトル、マヤ、サポテカなど多彩です。メキシコという国名は、アステカ帝国の人々が族名としたメシカに由来しますが、メシカ人が中心となるまでに部族による抗争は多く行われ、メシカ人がメキシコ盆地を征服したときには、他部族の歴史を描いた絵文書を焼いたとされます。

もっとさかのぼれば、紀元前二世紀ごろから紀元六世紀ごろまで、精密な計算と計画による都市建築がされたテオティワカンは火山の噴火で滅びたといわれますが、一神教に近い宗教に基づく統一的な政権の樹立の例だったと推測されています。ただ、この後継のトルテカ文化は、十世紀の終わりごろから他部族の侵入を受けて破壊されます。広い大陸に点在する部族は、独自にまとまることはなかったと言えます。

北米から中南米でも、ネイティブ・アメリカンの各部族がまとまって白人と対峙《たいじ》したということはなく、各個撃破されました。部族の中には、アメリカ独立戦争で独立側について戦う部族もあり、黒人奴隷を使役する部族すらあったといいます。部族ごとにバラバラなのです。

日本の幕末にも、長州や薩摩《さつま》が単独で列強に攘夷《じょうい》を試みますが、近隣の藩は対岸の火事です。本当に対岸から眺めていたくらいです。それではダメだ、という問題意識を持った人々が維新回天を成し遂げなければ、どうなっていたかわかりません。

現にインドなどは、インダス川とガンジス川の間に藩王（マハラジャ）が割拠し、一度として団結して戦うことなくイギリスに各個撃破されました。

国民国家論が難しい理由

ここまで、概論として言葉の定義をし、いろいろな国の歴史を簡単に取り上げましたが、ネーションというのは理屈ではありません。それぞれに歴史的経緯があり、国民意識や共通意識の形成する過程は千差万別です。なぜなら、その土地の風土と歴史、統治の経緯、その下での人々の風習や生活が形成していくものだからです。それを無理に理屈で体系化しようとしても、当てはまるわけではありません。似た人はいても、同じ人がいないのと同じことです。

ただ一つ確実に言えることは、ヨーロッパ人が理想とした国民国家は、統治者から一般民衆までが同じ国家に帰属するという意識を持つ国であり、実は日本が七世紀からやっていたという事実です。と言うと驚くようでは、自虐的です。

日本史の教科書が自虐的だと怒る人は増えて来ましたが、世界史の教科書はどうでしょうか。山川出版社の世界史教科書を読んでいたら、かえって日本はショボイ国なのだと自虐的になると怒る人はまだ少ないのです。同じ山川出版社から出ている各国史は、日本史以外は大変な良書です。教科書に主に取り上げられている国と、その周辺の国を比較して読むと、どれだけ主要な国々が国史で嘘《うそ》をついているかわかります。バルカン史やポーランド史、ドナウ史、ラテンアメリカ史などなど、分厚い六十巻を読むと賢くなれます。それが大変な方は、本書と本書で取り上げている私の本を道しるべにしてみてください。

以下の章では、国民国家を無理やり体系化するのではなく、日本も含めて、誰でも知っている主要国をいくつか取り上げ、歴史の積み重ねを見ていきます。

第一章　典型的な「国民国家」フランス

日本人の大好きな「おフランス」ですが、「国民国家」と言えばフランスで、フランスと言えば国民国家です。「フランスNationによるフランス国家」という意味において、フランスは典型的な国民国家（Nation State）とされます。とはいうものの、Nationには「民族」「国民」の二つの意味があり、日本語のようにその使い分けができないことも序章でさんざん述べました。

日本は、「大和民族（Nation）中心の、日本国民（Nation）による、日本国（State）」です。アイヌや琉球のような少数民族（Ethnic）も存在します。

では、フランスの場合は？　と考えながら、本章をお読みください。

歴史は自国が有利なように捏造するのが世界の常識

さて、外国の歴史を学ぶときに気をつけておきたいことがあります。

どこの国の「歴史」も、自国の都合のいいように書かれているという事実です。というより、国史とは本来そういうものです。「疑わしきは自国に有利に」という常識は歴史を読むときにこそ必要です。実証主義的な史実は何なのかということと、国史として語られていることは、まったく違います。

たとえば、神話は、そこで語られていることが事実であったかどうかよりも、なぜそのような話が残っているのか、あるいは残される必要があるのか、を考えるほうがはるかに重要です。

ところが、日本の歴史学者はここをすっとばす。外国の国史は無批判に受け入れるのに、自国の国史を自虐的なまでに否定するという、困った性癖があります。かたや『古事記』は史実ではないと大威張りで主張しながら、『聖書』が事実なわけがないとは決して言えない。こういうのを、「自虐史観」と言います。英語にすれば、マゾヒストです。

近隣の中国や韓国が白昼堂々と嘘で塗り固めた歴史観を披瀝《ひれき》しているのに、日本だけが「疑わしきは自国に不利に」とマゾヒスティックな歴史解釈をしている。これで歴史論争に勝てたら、奇跡です。

その点、フランスは自尊の塊と言ってよいでしょう。そもそも、フランスには、「世界史」という科目がありません。フランスの歴史教科書は「フランスの歴史とその他」です。フランスこそが世界の中心であり、世界史とは「フランスを中心とした世界の歴史」なので、フランス史を描けばそのまま世界史になるという感覚なのです。日本人も少し見習ったほうがいい。

ドイツの歴史を奪い取って作った国民国家神話

一事が万事こんな感じですが、彼らの自己認識を追ってみましょう。

現代フランス人は、自らのご先祖は「ガリア人」であると思っています。フランスで人気のコミックスに『アステリクスとオベリクス』があります。ガリア全土がカエサルに屈する中、ただ一つローマに立ち向かう村があったという設定で、アステリクスとオベリクスというのは、その村の英雄です。フランス人は彼らガリア人の村に自分たちを重ねて見ています。

ガリアとは、フランスだけではなく、実はイギリスやドイツも指しています。そのガリアを編入してできたのがローマ帝国であり、その最盛期に君臨したのがシャルルマーニュです。英語読みだとカール大帝です。本当はゲルマン民族の一派であるフランク族の王様

11世紀末のヨーロッパ

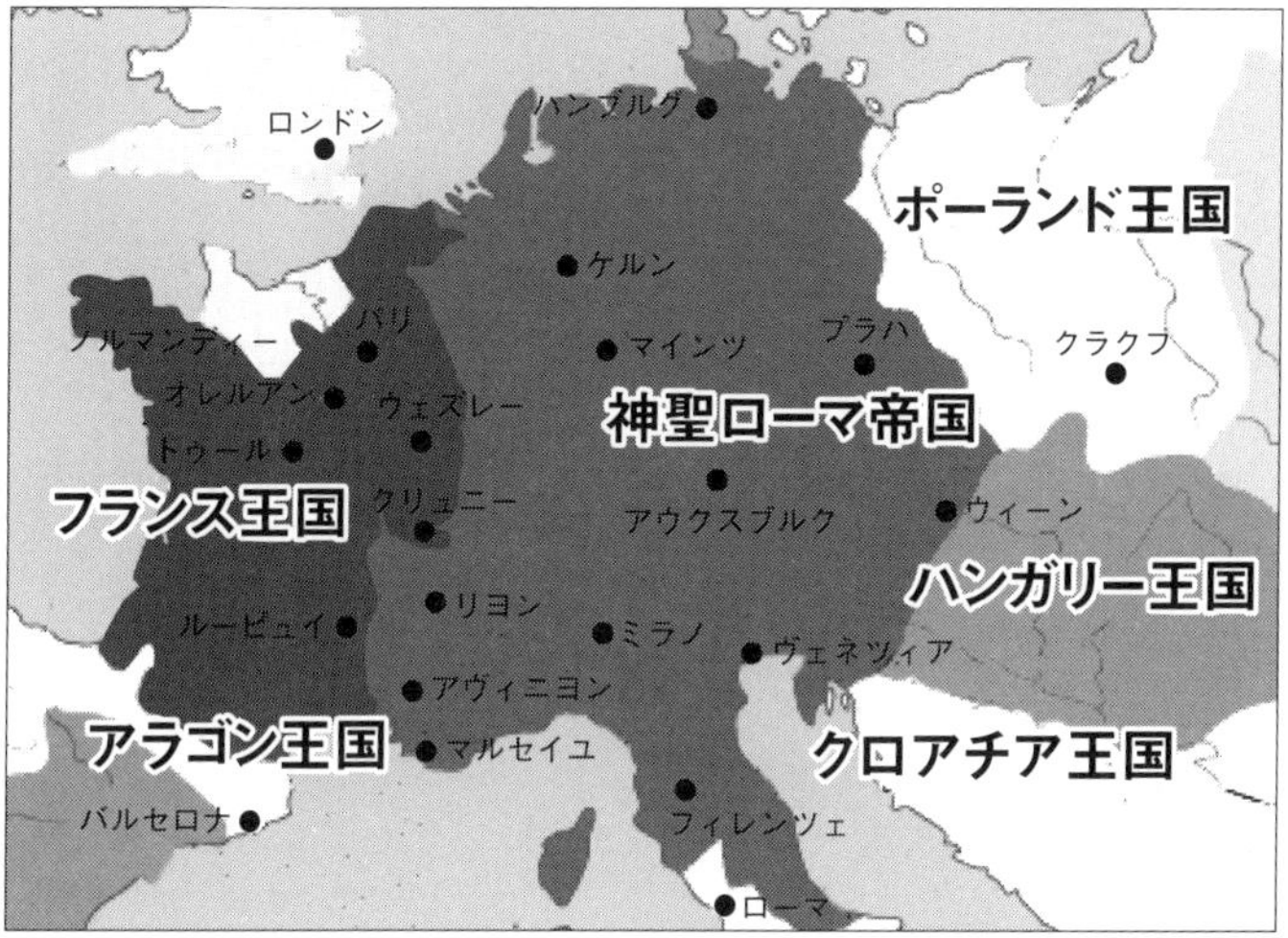

なのですが、フランス人は一向に気にしません。ガリアの末裔《まつえい》のごとく扱います。

　フランスの国家意識の原型ができるのは、シャルルマーニュの孫の代になって、フランク王国が分割相続された後、カロリング朝のシャルル二世を王とする西フランク王国のときです。東がドイツ、南がイタリアの原型になりました。しかし、そこを西暦八〇〇年までさかのぼり、シャルルマーニュ以来、我が国は国民国家であるというのがフランスの国民国家神話です。フランスという国名も「フランク」が語源です。言わば、ドイツから歴史を奪いとったようなものです。

　史実において、西フランク王国がフランス王国と呼ばれるようになるのは、シャルル二世の血統が絶えた後を継いだカペー朝の時代になってからです。九八七年に国王に推挙されたユーグ・カペーは、諸侯と有力勢力者の支持を受けて選ばれました。

このころのフランス国王には国全体を支配できるほどの力はなく、大諸侯の一人にすぎません。カペー朝の領地はパリとその周辺部、およびオルレアン地方だけです。それは、他の諸侯も同じです。十二世紀中ごろになると、フランスの半分以上を領有するアンジュー伯アンリがイングランド国王ヘンリー二世（プランタジネット家開祖）として即位します。アンジュー伯は、フランスの一貴族であり、フランス王の臣下でありながら、同時にイングランド国王なのです。外国の国王同士としては対等、国内では上下関係に立つことになるのですから、ややこしい。同時に、フランス国内にとってアンジュー伯の力は脅威となります。そのため、フランス王フィリップ二世は、英国プランタジネット家の内紛に乗じてジョン王（「欠地王」というあだ名を持つ、イギリス史上最高のバカ殿）が大陸に所有していた領土を没収し、フランスの王権を強化します。

国王を「破門」にできたローマ教皇の絶大な権力

それとは別に、中世ヨーロッパにおいて、ローマ教皇の権力は無視することができません。教皇はローマにいますが、国境を飛び越えて世界を支配しようという意思があります。

今で言う「グローバリスト」です。実際にローマ教皇はヨーロッパを支配する力を持っていました。

インノケンティウス三世（在位一一九八〜一二一六年）の時代は、ローマ教皇にまったく頭が上がりません。十字軍へ兵を出せと言われれば、借金をしてでも軍事費を工面しますし、結婚一つ、ローマ教皇の許可がないとできません。ローマ教皇の言いなりにならざるをえないのは、逆らえば「お前はキリスト教徒ではない！」と言われて「破門」されてしまうからです。

国を支配しているのは国王ですが、教皇は国王の政府による法律を覆す命令を出せるのです。法律用語を使うと「属地法的支配」ができないということです。ただでさえ王の言うことを聞かない諸侯が大勢いるのに、破門されてしまっては、ますますコントロールがきかなくなります。破門とは、人権剥奪《はくだつ》刑です。臣下の側からすると、破門された人間は、それがたとえ王様であっても人間扱いしなくてもよく「そんなヤツの命令など聞くものか」と、命令無視の大義名分ができてしまいます。そうなると、王様にとってかわる者が出てきてもおかしくありません。それほど、教皇の持つ破門という武器は強大です。ローマ教皇にとっては、自分の言うことを聞かせるためには国王の権力が慢性的に不安定であるのが望ましい。ローマ教皇とフランス国王の関係はそのときの政治力次第だったのです。

一〇九六年から一二七〇年にかけて、十字軍の遠征が行われます。敵はイスラム教徒だけではなく、北方のバルト海に向かった十字軍もあれば、南フランスに向かった十字軍もあります。南フランスに向かった十字軍を「アルビジョワ十字軍」と言います。敵は、カタリ派という異端の人々です。カタリ派は、ローマ教皇の権威を認めず、異なった儀式や慣習を守っていたので、討伐の対象となりました。特に有名なのが一二〇九年七月のベジエの虐殺です。

このとき、ローマ教皇の代理として十字軍を後見する役にあったのは、フランスのシトー会という修道会のアルノー・アマルリックという人でした。この人は、異端と味方のカトリックをどう見分けたらよいか、というごくまっとうな疑問にこう言い放ちました。

「すべてを殺せ。主はすべてを知りたまう！」

神様は天国に行く人間と地獄に行く人間ぐらい簡単にわかるから、仕分けは天国でしてくれるという、なんとも酷い言い草です。じっさい言葉どおり、ベジエ市内の全住民が殺されました。

カトリックが異端を誅《ちゅう》するという宗教戦争であったはずのアルビジョワ十字軍ですが、次第に北部と南部の闘争という政治的な側面を持ち始め、北部に負けた南部は、不承不承、北部に統合されていきます。

一三三七年、イングランド王からフランス王に果たし状が送り付けられ、「英仏百年戦争」が始まります。

イングランド王はまだ南仏に領地を残していましたが、北部のスコットランドは激しく抵抗し、常にフランスが助けていた。一方、フランス南西部にはイングランド王の所領が残っている。したがって、英仏いずれも、敵勢力を叩きださない限り、「天下統一」ができないわけです。

カペー朝が断絶すると、英国のエドワード三世は母方の血統を理由に王位継承権を主張します。エドワード三世を除く、フランス国王と諸侯たちは、これを機にイングランド王をフランスから追い出しにかかり、同時にこの戦争に勝って、フランス全土をフランスのものにすることで、王権を確立していきます。

この百年戦争で活躍したのが有名なジャンヌ・ダルクです。ジャンヌはローマ教皇にしか許されていない「神の声」を直接聞いた人です。当然、本来であれば異端です。それでも彼女の力がなければ形勢を逆転できなかったフランスは、その人気を利用します。彼女の力で即位したシャルル七世は「フランス史上最大の卑怯者《ひきょうもの》」とののしられていますが、あながち間違いとは言えないでしょう。シャルル七世は、ジャンヌを利用するだけ利用して見捨てます。

その裏にはローマ教皇との関係がありました。イギリスにジャンヌを殺させて、死後にジャンヌを褒めたたえることにします。お陰でジャンヌを許せないローマ教皇との関係も良好、国内においては、ジャンヌの犠牲を褒めたたえることで結束も得られました。卑怯者とののしられても、全部丸くおさまりました。フランス人が聞いたら憤慨しそうですが、事実だから仕方がない。そして、ここでフランス人は、内輪もめをさせないためには、外敵を作って結束するという業《わざ》を覚えました。

「ヨーロッパの裏切り者」

十六世紀以降、フランスは東側にある神聖ローマ帝国と戦うようになります。名前こそ違いますが、この国の実態は、十五世紀なかばから帝位を世襲するようになったハプスブルク家です。ハプスブルク家は西のスペイン王も世襲して、フランスを挟んだ両方に領土を持つようになります。ところが、二つのハプスブルク王国に挟撃されながらも、フランスは侵略されません。フランスが軍事的に強国である以上に、ハプスブルク軍が弱すぎました。ハプスブルク帝国の軍隊がどれくらい弱いかというと、スイスを包囲しながら二度にわたって侵略戦争に失敗していることからも伺えます。

フランスは隣国ハプスブルク帝国の弱さに助けられながら生き残りますが、強国のオスマントルコには媚《こ》びへつらいます。オスマントルコ帝国には、当時のヨーロッパが束になってかかっても勝てませんでした。一五三八年、「プレヴェザの海戦」ではスペイン、ヴェネチア、ジェノヴァ、ローマ教皇の連合艦隊が大敗しています。日本の世界史の教科書には、一五七一年の「レパントの海戦」が大きく扱われ、さもすべてのように書かれていることが多いですが、まぐれ当たりで一回勝っただけです。

ところで、そのプレヴェザの海戦の連合艦隊になぜフランスが入っていないのでしょうか。フランスが、事実上、オスマントルコの従属国だからです。ハプスブルクに対抗するためにも、オスマントルコは味方につけておかなければなりません。時代が下ってオスマン帝国に陰りのみえる十七世紀後半、一六八三年のトルコによる第二次ウィーン包囲の際にも、フランスはトルコに好意的中立を約束し、キリスト教国が攻められているのに知らんぷりです。

フランスは我こそはヨーロッパの中心という顔をしていますが、昔は「ヨーロッパの裏切り者」でした。もっとも、周囲全部から嫌われているからこそ、フランスという枠で固まる必要があり、国民国家の原型ができやすかったという面もあるのです。

リシュリューという傑出した宰相の時代

一五一七年に、ルターが贖宥状販売《しょくゆうじょう》に抗して、九十五箇条の意見書を提出したことによって宗教改革が始まります。その後、ルター派をさらにひとまわり過激にした「カルバン派」が広がってきたので、フランス国内が割れてしまいました。一五六二年から九八年と比較的長期間にわたり「ユグノー戦争」が起こります。「ユグノー」とはカルバン派のフランス語の呼称です。これにフランス王家の継承争いが重なったので、〝フランス三国志〟のような状況になりました。ユグノー戦争の間、王位継承を巡って三人のアンリが対立した一五八五年から八八年の戦争は「三アンリ戦争」と呼ばれています。

一五九八年、このユグノー戦争をナントの勅令で終わらせるのがアンリ四世です。この人は生涯に五回も改宗しています。プロテスタントの両親から生まれますが、七歳にしてカトリックに改宗します。その後、再びプロテスタントに戻ってユグノーの盟主となるのですが、融和を目指したはずの結婚式では虐殺事件が起こり、監禁されてカトリックへ強制改宗させられます。宮廷を脱出し再び改宗、プロテスタントの指導者となります。王位につくと、また融和のためにカトリックへ改宗します。最後には狂信的なカトリック教徒に暗殺されます。カトリックに改宗したのにカトリックに殺されてしまいました。

アンリ四世はブルボン朝の創始者でもあります。そして、この時代にジャン・ボダンが

『国家論』で王権神授説を唱えます。王権は神から与えられたものであるというのですが、何の根拠もない単なる決めつけの御用評論です。しかし、王権にとっては都合がいい。「王の権力は神から与えられているのであるから正当性がある。よってみなの者、従え！」と、アンリ四世以降、ブルボン家の権力が正当化されていきます。そして、このブルボン王朝は後にフランス革命でルイ十六世が処刑されるまで続きます。

王権神授説は、教皇よりも貴族よりも王様のほうが強くなければならない、外国の連中が介入してくるなどというのはもってのほか、というブルボン家にだけ都合がいい説です。それで臣下がおとなしく納得していたかというとそうでもなく、フランスの貴族たちは年中行事のように反乱を起こしています。

日本人の発想では考えられませんが、ヨーロッパでは国内がまとまっていなくても対外侵略に出かけます。秀吉は天下を統一してから朝鮮・明《みん》へと向かいましたが、戦国時代が終わっていないのに朝鮮出兵するのがヨーロッパです。

ですから、フランスがまとまったと言っても「比較的」であって、平穏無事とは程遠い。多少乱暴な施政を行い国内が混乱しても、お隣の大国・ハプスブルク家の神聖ローマ帝国は弱いので介入してこないという計算もあります。

ユグノー戦争が終わった二十年後、一六一八年には隣のドイツで三十年戦争が始まります。ただ、そのときはリシュリューという傑出した宰相の時代です。

「私の第一の目標は国王の尊厳、第二は国家の盛大である」

その一つです。リシュリューは「国家理性（Raison d'État）」を掲げます。「国家理性」とは国益のために宗教や倫理を犠牲にするのはやむをえないという考え方で、リシュリューは言葉どおり、あらゆる軍事・外交の手段を尽くして、フランスの国益を最優先させる対外政策を取り続けます。ロベスピエールがいうところの「理性」とはまったく意味が違います。ありとあらゆる権謀術策を使い、なりふり構わず、王権を確立する。国王ルイ十三世本人にそんな能力はありませんが、すべてリシュリューが代わりに行い、手柄はすべて王様に奉じます。年中行事のように反乱を起こす貴族やプロテスタントは片っ端から叩きのめすので「仮借なきリシュリュー、人を支配するより粉砕する」と評されました。彼には名言が多いので、私はいつかリシュリュー名言集を作りたいと思っています。

ルイ十三世時代の宰相リシュリューにはいくつか有名な言葉が残っていますが、これも

リシュリューは『君主論』のマキャベリの忠実な実践者です。そんなリシュリューと、後継者マザランの三十年戦争への対応はまさに「国家理性」が顕著に顕れています。

三十年戦争はカトリックとプロテスタントの宗教争いなのですが、フランスはカトリッ

ク国でありながら、宿敵ハプスブルクと戦っているプロテスタント勢力と提携しています。リシュリューは国内と貴族と宗教勢力の反乱を叩きのめしながら、外国に対してフランスの国益を追求しました。国際法における主権国家の要件というのは、国内における治安維持能力と外国との条約遵守能力です。その意味で、フランスはもう立派な主権国家です。

リシュリューの後継者はイタリア出身のマザランです。ヨーロッパでは王様を外国から迎えることも日常茶飯事ですから、宰相が外国人でも、あまり抵抗はないのでしょう。むしろ、上層階級仲間の外国人のほうが階級差のある同国人より信頼できる関係にあります。さりながら、マザランにブルボン家への忠誠を誓わせ、前職の教皇庁と手を切らせています。この時代のヨーロッパでは、転職と国籍変更が同じようなものだったといえます。

マザランはリシュリューに引き続き三十年戦争に介入し、一六四八年のウェストファリア条約ではアルザスほかフランス領を増やします。

また、同時並行で一六三五年にはスペインに正式に宣戦布告し、「フランス・スペイン戦争」(〜一六五九)が始まります。ウェストファリア条約と関係なくスペインとの戦争は続き、フランスは勝利します。このときもフランスはアルトワ(現ベルギーとの国境近く。主要都市はアラス、ランスなど)、ルシヨン(スペインとの国境地帯)に領地を増やしています。こうしてフランスは名実ともにヨーロッパの大国になりました。

王から国家への忠誠に変革したフランス革命

フランスの首都はメロヴィング朝の時代からパリですが、共同体としての都市パリは気位が高く王権に対してしばしば反抗しました。一六四八年に起きたフロンドの乱では、蜂《ほう》起《き》した民衆がルーブル宮内にまで押し寄せます。幼少で即位したばかりのルイ十四世にはこのときの怖い思いがトラウマになったらしく、パリ郊外のベルサイユに居城を構えます。

王国の行政上の中心はパリでしたが、宮廷儀礼はベルサイユでした。その子孫のルイ十六世の代のフランス革命後、すべてパリに戻されます。最後は行政の中心、つまり、居るべき場所に戻されました。

旧体制のフランスには第一身分、第二身分、第三身分という区分けがありました。第一身分は聖職者、第二身分は貴族、そして、九割以上の圧倒的多数を占めるのが第三身分の平民です。金持ちブルジョワから貧乏人まで全部まとめてここに入ります。

ルイ十六世の時代、第三身分出身で国民から人気のあった財務長官ネッケルが罷免されると、折からの重税に苦しんでいたパリでは、人口約四分の一が自ら武装したといわれています。一七八九年七月十四日にバスティーユ監獄が襲撃されますが、民衆が手にした銃は、その日の朝、廃兵院から持ち出したものです。民衆がバスティーユを襲撃した直接の目的は囚人を解放することではなく、武器弾薬の引き渡しと、街に向けられている大砲を取り除かせることでした。バスティーユは陥落します。国王は軍隊を引き上げ、さらにパリにおもむいて市長から三色の徽章を受け取りました。パリ市と王室の白を加えた三色旗は、新旧フランスの和解を象徴するものとなり、後に共和国フランスの国旗として採用されました。

また同年十月、ベルサイユでの近衛兵の宴会に際して、三色の帽章が踏みにじられたことなどが直接の契機となって、婦人たちの群衆が、パリからベルサイユへと行進を始めました。この日の民衆運動は、首都へのパンの供給の確保が目標でした。その翌日に、国王の一家は、小麦を積んだ車とともに、国民衛兵や女たちに守られてパリにおもむくことになります。間もなく議会もパリに移り、これ以後、王と議会はパリの民衆の直接の監視のもとに置かれることになるのでした。

しかし、フランス革命は最初から王政打倒を目指したものではありませんでした。民衆がバスティーユ監獄を襲撃するときには、実は、「国王陛下万歳」で始まっています。それが、いつしか「フランス国家万歳」の声が混ざるようになります。この「フランス国家万歳」こそが、革命派の毒だったのです。これにより国家に忠誠を誓えば王は殺してもいいことになった。そして、一七九三年一月にルイ十六世がギロチンにかけられてしまうのです。

フランス革命の構造は複雑で、絶対王政に対する貴族の反抗、都市有力者の特権貴族に対する反抗、窮乏した民衆の指導層への反抗などが、重層的に重なっています。しかし、何よりも重要なのは宗教勢力と革命の関係です。国家財政が破綻《はたん》し、国民が貧窮する中、教会だけは莫大な財産を保有していました。革命派の真の標的は、実は、第一身分である教会勢力だったのです。革命政府は教会財産を没収し、十分の一税を廃止し、聖職者を公務員化し、完全に国家の支配下に置きます。そして、従来、教会が担っていた公的な役割、出生や婚姻や死亡などを国家が管理するようになりました。教育の分野でも世俗化が図られていきます。

ルイ十六世が処刑されて後のフランスは、革命と反動を繰り返しながら百年かけて共和国になっていきます。二年続いたら長期政権。三年続いた内閣は一つもありません。半年に一回、政変が起こります。フランスはルイ十六世をギロチンにかけて以降、「王政→共和制→帝政→王政」というサイクルを二回繰り返しています。小規模な政変は数知れず、大革命以降、クーデターも日常茶飯事です。

しかし、こんな大動乱を経てもなお、フランスはフランスであり続け、滅びませんでした。その理由は、一つには軍事的に外国から占領されなかったこと、もう一つはフランス国という前提、枠組みは崩してないことが大きいでしょう。

国民軍の創設と戦術を駆使したナポレオン

フランスの革命政権に対して諸国がしかけてきた干渉戦争では、祖国の危機に義勇兵が集まります。このとき義勇兵が歌ったのが、現在フランス国歌となっている「ラ＝マルセイエーズ」です。彼らはオーストリア・プロイセン連合軍を押し戻します。男子普通選挙による国民公会が召集されると、義勇軍の勝利に力を得たこともあって、王政を廃止し、共和制を宣言します。

さらに、一七九三年には国民公会が徴兵制を決定します。軍事史上画期的な意味を持つ国民軍の創設です。王権中心から国家主義へ。傭兵《ようへい》に代わってフランス国民からなる軍隊へと変化していきます。

議会では徐々に過激派が実権を握りましたが、始まったのは恐怖政治です。一七九三年十月、マリー・アントワネットを皮切りに、反対派の政治家などがギロチンにかけられました。彼らにいわせれば、「ギロチンは平等思想の産物」らしい。身分に関係なく、誰でも苦しまずに死ねるからだそうです。各地で反革命狩りも行われ、五十万人近い人が反革命容疑者として捕まり、約一万六千人が死刑に処されます。

そんな革命の混乱を収めるべく、ナポレオンという一人の天才が現れました。コルシカ島の小貴族の家に生まれ、フランス本土で軍人として頭角を現してきました。そして、ついに一七九九年にクーデターで政権をとり「フランス革命は終わった」と宣言、一八〇四年には皇帝に就任します。

ナポレオンの優れた点は、国民軍をフルに使いこなしたことです。国民軍は士気が高く、脱走の心配がないという長所がありますが、付け焼き刃の素人集団では普通はプロの傭兵には敵いません。しかし、ナポレオンは散兵戦術など優れた用兵術で連戦連勝を重ねます。他国の軍隊の三倍の速さで軍を動かし、三倍の敵に包囲されても各個撃破して勝つのです。ですから初期のナポレオンは連戦連勝でした。ところが、敵も敗戦の反省からナポレオン戦術を学んで取り入れます。各国とも、高い給金を取るけれども忠誠心ゼロでいつ脱走するかわからない傭兵から、国民軍に移行していきます。そうなると、ナポレオンもだんだん勝てなくなっていきます。一八一二年にはロシア遠征に失敗します。そして、一八一三年以降、ヨーロッパ諸国が一丸となってナポレオンに対抗した結果、ついに勝利し、ナポレオンはエルバ島に流されます。

しかし、フランス民族が武器を持って周辺諸国と戦う歴史を経験することで、国民国家としてのフランスが形成されていきます。また、フランス語も普及しました。

十九世紀前半まで、フランス語がフランス全土で話されていたとは言えず、フランスの場合は革命による「国民《ネーション》」の創造によって、言語的統一が進められていくのです。大革命からナポレオン戦争の三十年を通じて、フランス語がフランス国民に普及しました。「民族として共通の歴史を記憶しフランス語を話すフランス国民によるフランス国家」の形成です。

普仏戦争に敗れ高まる「ドイツ憎し」の情念

ナポレオン敗退後、一八一五年にウィーン会議が開かれます。このウィーン会議で採択されたヨーロッパ再建の原則はフランス革命以前の秩序に戻すということで、これを正統主義といいます。これ以後のフランスでは国境地帯が占領されることはあっても、アルザス＝ロレーヌがドイツになったりフランスになったりする程度で、領土的にはほとんど変わりません。

ウィーン会議の後、ブルボン朝が復活しますが、反動的であったため、一八三〇年に七月革命が起こり、自由主義者として知られるオルレアン家のルイ＝フィリップが王として迎えられます。しかし、一八四八年、選挙権の拡大を求めてパリで暴動が起こり、第二共和制が成立します。同年の大統領選挙ではナポレオン一世の甥ルイ＝ナポレオンが圧倒的な人気で当選します。彼は一八五一年にクーデターで独裁権を握り、翌一八五二年の国民投票で皇帝となり、ナポレオン三世と称します。

ナポレオン三世は積極的に対外政策を展開し、一八五四年クリミア戦争、一八五六年アロー戦争、一八五九年イタリア統一戦争に参加します。インドシナでは六二年にはコーシチナを獲得、六三年にはカンボジアを保護国化しました。アフリカではアルジェリア、セネガル、チュニジアに植民していきました。しかしメキシコ出兵の失敗で内外の信望を失い、一八七〇年の普仏戦争ではプロイセンにアルザス＝ロレーヌを取られてしまいます。

アルザス＝ロレーヌはフランス語読みで、ドイツ語ではエルザス＝ロートリンゲンといいます。一八七一年の普仏戦争のときにドイツ領となるのですが、この時代を舞台にしたアルフォンス・ドーデの『最後の授業』という作品が有名です。昔は日本の国語の教科書にも載っていました。

国語（フランス語）が苦手で、授業に行きたくない主人公の少年フランツ。遅刻して教室に入ったら、「明日からフランス語の授業がなくなります」と言われ、ショックを受け、遅まきながら急にまじめに授業に身を入れ出すのです。

初めてこの短編を読んだときは不思議に思ったものです。フランス語ってそんなに難しいのか？　後にわかったことですが、この地域はドイツ語圏なのでした。だからフランツ君はフランス語を外国語のように学ばなければならなかったのです。そういえば主人公の少年の「フランツ」はドイツ系の名前です。

ところがフランスは、普仏戦争に負けた悔しさから「アルザス＝ロレーヌ地方を取り返すぞ」とナショナリズム・プロパガンダを行います。『最後の授業』もそんな時代背景の中から生まれたフランス側から語られた物語でした。フランス人が固有の領土のごとくアルザス＝ロレーヌと呼ぶ地域は、ドイツ文化圏なのです。

さて、普仏戦争の敗戦によって、パリはプロイセンに攻略され、ナポレオン三世の帝政も廃されます。戦後の経済的な不安や、食糧事情の悪化を利用して、パリに集まっていた左派の活動家が共産主義の啓蒙《けいもう》活動を活発化させました。この活動家の大半は各国を追われて亡命してきた外国人です。

一九七〇年十月、プロイセンと暫定政府の和平交渉に反対する国民軍の一部と、極左活動家に啓蒙された下層市民の一部が武装蜂起しました。一九七一年に彼らは「パリ・コミューン」を名乗りますが、パリ市民の多くは反コミューンでした。自身もカール・マルクスを国から追い出しているプロイセンの宰相ビスマルクは、フランスに極左政権が成立するのを阻止するため、フランス暫定政府を支援して、これを鎮圧します。

殺戮《さつりく》は凄惨《せいさん》を極め、三万人以上の死者を出しました。セーヌ川が血で赤く染まったと言われます。フランス大革命十年の犠牲者数をパリ・コミューンはたった一週間で上回った。同時期の日本と比べるならば、戊辰《ぼしん》戦争から西南《せいなん》の役までの全死者数を超えています。

パリ・コミューン鎮圧後のパリは、市街地の三分の一が破壊されていました。

その後、共和派、王党派、ボナパルト派などの妥協の産物として一八七五年に第三共和政が成立します。この第三共和制でも、国民国家の形成の努力が続けられます。一八七九年に改めて「ラ・マルセイエーズ」が国歌に指定されました。第三共和制期の時点では、南フランスを中心に人口の半分近くが標準フランス語を日常語にしていません。国歌を決め、歌わせるということは、国家を通じて標準フランス語になじませる政策です。この第三共和制は一九四〇年まで続きました。それで「安定していた」と評価されることもありますが、その歴史観には、「その前よりは」という注釈をつけなければなりません。

戦後フランスの象徴となったド・ゴール

普仏戦争に敗れ「ドイツ憎し」のフランスも、プロイセンの宰相ビスマルクがフランスを孤立させる外交政策を展開している間は、反撃の機会がありませんでした。独墺露三帝同盟、独墺伊三国同盟、英墺伊地中海協定など、ビスマルクが張り巡らした同盟網に包囲されて手も足も出ません。

しかし、一八九〇年にビスマルクが失脚すると、フランスは動きやすくなりました。一八九四年に露仏同盟、一九〇二年に仏伊協商、一九〇四年に英仏協商を成立させ、逆にドイツを包囲する態勢を築き上げました。

一九一四年にオーストリアがセルビアに宣戦布告すると、戦争は同盟関係を通じて世界大戦へと発展しました。短期間に終わるという見通しは外れ、一九一八年まで続きますが、徹底抗戦の結果、勝利し、普仏戦争で取られたアルザス＝ロレーヌを取り返します。

一九三九年、ナチスドイツのポーランド侵攻によって第二次世界大戦が始まりますが、翌年、フランスはドイツに抵抗らしい抵抗をすることなく、パリへの無血入城を許します。アルザス・ロレーヌはドイツに併合され、パリを含む北部が占領地区としてドイツの直轄統治下に入り、南部は自由地区という名称でヴィシー政権を通じた間接占領下に置かれます。各地区間の往来も禁止されてしまいました。

ナチスドイツに対してレジスタンス運動も起こります。国内での最大勢力は共産党、海外ではド・ゴール率いる自由フランスが主導しました。共産党と言っても日本の共産党とは違って愛国者たちで、フランスあっての共産党です。

このころは無名だったド・ゴールですが、レジスタンス運動を統合し、戦後フランスの象徴のような存在となっていきます。

一九四三年に「フランス国民解放委員会（CFLN）」が組織され、その議長に就任したド・ゴールは名実ともにフランスの代表になります。翌一九四四年には解放委員会は共和国臨時政府を名乗りました。六月には連合国がノルマンディーに上陸、八月にはパリでレジスタンスの蜂起が起こり、二十五日にはド・ゴールがパリに帰還します。ド・ゴールは臨時政府の首班として、秩序の回復と国家の再建に取り組みます。行ったり来たりのアルザス＝ロレーヌは戦後、当然のようにフランスに帰属します。そんな土地柄から、現在、アルザスの中心都市ストラスブールには、欧州評議会、欧州人権裁判所、欧州議会本会議場などがあり、ベルギーのブリュッセルとともにEUの機関が多く置かれています。

一九四五年十月の選挙では、レジスタンスを通じて最も多くの犠牲を払った共産党が第一党、第二党がカトリック民主派を主体とする「人民共和運動（MRF）」、第三党が社会党となり、ド・ゴールはこの三党で連立内閣を組織しました。ド・ゴールは憲法を改正して執行権を強化しようとしましたが、連立三党がこれに反対したため、翌一月に辞任します。

一九四六年十月に新憲法が採択されて、第四共和制が始まりますが、婦人参政権が追加されたほかは第三共和制とあまり変わりません。この第四共和制のときに植民地問題が起こります。

フランスは、どさくさに紛れて戦勝国に返り咲きますが、戦時中は国を占領されていました。その間、一九四四年にはアフリカの各民族の代表から自治を認めるよう要求されています。日本軍が進駐していたインドシナでは、一九四五年にベトナムが独立を宣言します。戦後、フランスは再び植民地を植民地たらしめようとしますが、現地の抵抗に苦労します。

一九四六年にベトナムで勃発《ぼっぱつ》したインドシナ戦争にフランスは軍を投入しますが、ディエン・ビエン・フーの戦いに負けて軍を撤退させます。ベトナムが再び一九五四年に独立すると、それに刺激されたアルジェリアでも民族解放戦線（ＦＬＮ）が蜂起して独立戦争が始まります。アルジェリアでは、独立に反対する強硬な白人入植者を主体に反乱軍が作られます。「パリに進軍するぞ」と脅迫しても、当時のパリの政治家たちはなすすべがなく、業を煮やした反乱軍はド・ゴールを呼び戻すことを要求します。

ド・ゴールが大統領に就任し、新たに提案した新憲法が国民投票で承認されて、第五共和制が始まりました。新憲法では大統領の権限が強化され、ド・ゴールによるアルジェリア植民地の維持が期待されますが、果たせず一九六二年のエヴィアン協定で独立を承認することになります。戦後のフランスは、こうして次々と植民地を失っていきました。

共産党でさえ愛国心がある国

この第五共和制が今に至っています。現在の第五共和制ですが、政党政治はあまり重視されていません。日本以上に政党が頼りないとも言えますが、共産党も含めて愛国心があるので、みな国益だけは重視します。

今のフランスを支える重要な地位についている官僚や学者は、一九四五年設立のフランス国立行政学院（École nationale d'administration、略称ＥＮＡ《エナ》）の卒業生たちです。ＥＮＡは、国内随一の官僚養成機関です。フランスには、大学とは別にこのような「グランゼコール（Grandes Ecoles）」があり、官僚や専門技術者を育てているのです。日本では、東京大学法学部が官僚養成のための学校として作られましたが、フランスのグランゼコールは少人数制の本当のエリートを育てる学校です。入学時の偏差値ではなく、グランゼコールの成績で生涯の出世が決まるような本物のエリート主義です。こういうところに、宮沢俊義のような非国民がいません。

宮沢については小著『右も左も誤解だらけの立憲主義』（徳間書店、二〇一七年）に詳述しましたが、簡単に紹介しておきます。宮沢は戦前は戦前で体制に順応した発言を繰り返しながら、戦後はＧＨＱに媚びへつらい、「八月革命説」や「天皇ロボット説」を唱え、終戦をもって日本は戦前とはまったく異なる民主的な国家に生まれ変わったのだという今日の教科書の記述に決定的な影響を与えた人物で、戦後の日本国憲法およびその解釈に及ぼした弊害は測り知れない男です。

第五共和制で権限が強化された大統領の仕事は安全保障です。具体的には軍事と外交の二つです。この分野では政党内閣が何を言おうが、ほとんど関係ありません。内政は選挙に負けると苦しくなりますが、二〇一七年五月の選挙ではマクロンが大統領になり、議会もマクロンの共和国前進が与党なので運営はスムーズです。

核ミサイル発射の決定権は大統領の大きな権限です。いざというとき裏切ったら、核を落とすぞということです。フランスがドイツに勝っているのはそれだけです。核武装に基づく外交力ですが、その外交力も最近は怪しくなっています。

このように大統領に強い特権を与えているフランスですが、首相にも変わった特権があります。一年に一件だけ議会の審議を受けずに法案を通すことが許されています。これは、第三・第四共和制において強すぎる議会が行政府を不安定にした反省から、審議の促進をはかる意図で設けられた権限なのだそうです（国立国会図書館調査および立法考査局『主要国の議会制度』二〇一〇年三月）。

現代フランスが悩まされる移民

現代フランスについて一言でまとめると「宗教を歴史的都合から徹底排除した軍国主義国家」です。普通の国はそこまで厳密ではなく、政教分離（Separation of Church and State）とは、「政府と教会の分離」です。特定の宗教教団に極端な不利益を与えなければ構わないという態度です。たとえば、歴代アメリカ大統領は就任式で聖書に手を置いて宣誓します。それを「キリスト教に利益を与えるな」と文句を言う人は、いないに等しいです。ところが、フランスは違います。国家儀式からも徹底的に宗教を排除しています。大統領は、参謀総長から勲章から受け取ったら就任です。

ユグノー戦争という内戦はあまりにも悲惨でしたし、フランス革命も本来の標的は教会です。こうした政治と宗教の問題が解決するのは二十世紀です。そこに至るまでの教会との闘争を通じて、現在のフランスは「ライシテ」と呼ばれる世界一厳しい政教分離の原則を貫いています。フランスの政教分離とは、公的な場からの徹底した宗教排除です。

日本の護憲派は憲法二〇条の政教分離について、このフランス同様に解釈したがっています。しかし、その歴史を理解せずに取り入れようとしてもチグハグになるだけです。日本の歴史に宗教戦争はありませんでした。仏教勢力を嫌って遷都した天皇がいましたが、この時代の仏教とて、国内における大勢力ではあっても、国家から独立した対抗勢力というわけではありません。まったく歴史の異なる日本でフランス流をふりかざすとは、自虐史観にもつながる舶来史観です。

国民国家の典型例といわれるフランスですが、現在の悩みは旧帝国領、旧植民地の人々がフランス本国に押し寄せ、フランスの市民権を要求していることです。

しかし、実のところ移民は最近始まったものではないのです。産業革命が本格的に発展した十九世紀後半、フランスは大量の労働者を必要とし、ベルギーやイタリアから移民を受け入れました。ただ、彼らは宗教や言語の面で同化しやすかったので今日のように大きな問題にはなりませんでした。第二次大戦後はヨーロッパからの移民が減少し、アルジェリア人など旧植民地からの非ヨーロッパ系の移民が増加したため、新たな移民問題が発生しました。文化的背景の異なる人々からなる移民に対してはそれまでの同化政策では対応できませんでした。ちなみに、フランスには公的な人種統計が存在しないそうです。なぜなら「単一で不可分」の共和国には「フランス人」と外国人しかいないからです。

ワールドカップのサッカー選手も褐色の肌をした人が多いことからも、いかに現代フランスが多民族（ネーション）国家化しているかわかります。二〇〇六年ワールドカップ・ドイツ大会の頭突きで有名なジダンもアルジェリア移民二世です。すでに異文化からの移民がかなり定着しているフランスですが、問題はどこまで認めるのかです。

本国と植民地というダブルスタンダードだったところが、アルジェリア出身者の多くがフランス国籍を持つことにより、形式上、対等・平等という一つのスタンダードになったはずでした。しかし、人種的・文化的な壁は厚いようで、旧植民地人はやはり違うと実質的にはダブルスタンダードのままなのです。こういうところでフランスは苦しんでいます。旧植民地の人々にどこまで権利を認めるのかに悩んでいるのが現代フランスの姿です。

極右と呼ばれることも多い「国民戦線」のルペンなどは出生地主義を否定し、二重国籍を廃止するよう主張しています。フランスへの帰化も無制限に認めるべきでないとして、フランスへの同化を前提にしています。ルペンは「右翼」とレッテル貼りされているようですが、しごく正当な主張に思えます。「フランス民族（ネーション）以外の民族（ネーション）も、国民（ネーション）となれ」ということです。

典型的な国民国家と言われるフランスは、十九世紀初頭のナポレオン戦争において統合されました。もともと、パリと北部と南部では言語も違えるなど民族性（Nationality）は異なりましたが、外敵との戦いにおいて結束を必要としたからです。ヨーロッパの歴史において孤高の時代が長かったことも、統合を比較的容易にしました。フランス民族（ネーション）中心の、フランス国民（ネーション）による、フランス国家（ステート）です。それでも、旧植民地出身の異なる民族（ネーション）を抱えて岐路に立っています。

第二章　国民国家の理論でナチズムをやっている中国
主権国家にすらなれていない韓国

国民国家（ネーションステート）から最も遠いのが中国です。どれくらい遠いかを本章でお話しします。また、朝鮮半島は本質的に大陸の従属変数（つまりオマケ）なので、本章でまとめて扱います。

民族弾圧で国民国家化を目指す中国

現代の中国が国民国家化をしようとして行っていることがあります。チベットやウイグル、モンゴルで行っている民族弾圧です。つい最近までのはやり言葉で言うと、民族浄化（Ethnic cleansing）です。本来はネーションであるチベットやウイグル、モンゴルをエスニックに叩き落とそうとするのが中華人民共和国の民族弾圧です。そして、漢民族（ネーション）を中心とした多数の少数民族（エスニック）による国民国家が完成をめざし、日夜エスニック・クレンジングに勤しんでいるのです。

現在この三つは、チベット自治区、新疆《しんきょう》ウイグル自治区、内蒙古自治区という名称で、中華人民共和国の一部とされています。現代になって目立って表面化しているのは、この三つの地域の分離独立運動の監視と弾圧、血の同化です。いずれの地域にも、漢民族が移住して、人口構成としても少数民族を凌駕《りょうが》しています。穏やかには異民族間の結婚によって、自然と純血が絶えていくということがありますが、男性の不当逮捕や拷問死、女性に対する避妊手術の強制や強姦など、悲惨な事件が国際問題となっています。

チベットは中華民国の時代には独立国家でした。それを中華人民共和国が侵攻して奪い、一九五九年に併合しました。チベットの指導者であるダライ・ラマはインドに亡命し、そこで亡命政権を作ります。チベット仏教という独自の文化を持っているため、文化大革命ではことさら標的とされ、多くの寺院が破壊されました。現在は攻撃対象を物から人に移しています。中国にとっては、三番目に広い行政区という重みと、かつてソ連の崩壊の引き金を引いたハンガリーのように、他の少数民族に及ぼす影響を懸念して警戒していると見られています。

新疆ウイグル自治区は地下資源の存在が認められるようになって、一層、監視と支配が強められました。チベット同様、東トルキスタンという国名で独立していた時期もありますが、ソ連との影響を常に争ったところがあり、最終的に中国共産党の指導下に入って、中国の傘下に収まったという事情があります。

モンゴルは、もともと遊牧民族なので一つの国境に留まるという概念がなく、国民という意識が乏しかったところを付け込まれたような面があります。モンゴル人居住区の一部は旧満洲国の地域であり、日本やソ連との戦略上の重要な場所だったので、毛沢東《もうたくとう》が絶対に手放さなかった地域です。

なお、最も悲惨なのが満洲で、もはや満洲語を話す独自の満洲人が絶滅してしまいました。完全に民族浄化は完了しています。

プロパガンダにすぎない「民族自決」

中国の「民族自決」は、国外向けのプロパガンダに使われているにすぎません。なぜなら、中国共産党は、国内の民族が「民族自決」して中国から独立することは絶対に認めていないからです。中国が言う場合の民族とは、漢民族のことです。自分たちだけがネーションであり、他は少数民族（エスニック）にすぎないので、自決権は自分たちにだけあるという理屈です。

ウィルソンが提唱した「民族自決」とは、本来、国民国家を破壊する考え方です。多民族国家でまとまっている国に分裂の火種を起こし、民族憎悪をあおるものなのです。中国は有史以来、多民族国家であり、それを皇帝が支配しているからまとまっているように見えるにすぎません。最初の中国共産党はソビエト共産党から枝分かれしたものなのでコミニズム（極左）なのですが、毛沢東が率いるようになった中国共産党は実はナチズム（極右）です。左右どちらにしても、軍事力が及ぶ範囲は国民国家に入れようと、国民国家の理論に無理やり当てはめようとするので、悲惨なことになっているのです。怖いのは、弾圧や同化の方法がひどいこと以上に、清《しん》朝の時代には満洲、モンゴル、イスラム教徒、チベットを「対等なネーション」として扱っていたのに対し、中国共産党は漢民族だけをネーション（国民）にして、他のネーションをエスニック（民族）に落とすという特殊なことをやっていることです。「漢民族と五十五の少数民族」という言い方をやたらと強調するのは、中国共産党が国民国家の理論をわかっているからにほかなりません。もちろん、それだから、エスニック・クレンジングが同化政策として、正当化できるわけではありません。

現在、中国と呼んでいる中華人民共和国の建国は一九四九年です。二〇一八年現在で、まだ七十年に満たない歴史しかないのですが、中国共産党の要人含め、通説として「五千年の歴史を持つ文明国」と公言してはばかりません。最近では千年加わって六千年と言っているようですが、何千年だろうと、それは何の根拠もないまったくのフィクションです。ちなみに、「文明国」とは、「人は殺してはいけません。まして惨たらしく殺してはいけません」という価値観を持っている国のことを言います。どんな理屈であれやってはいけない犯罪を区別できない中国は文明国ではありません。

「皇帝」を中心としたワンパターンの中国史

序章でもお話ししたように、現在に至るまで、この国の歴史すべてに共通するのは、「皇帝」の存在です。この国で唯一不可分のものが、この「皇帝」を中心とした世界観「中華思想」であり、それが中国の国体です。

中国史には次のようなパターンがあります。初出は、小著『嘘だらけの日中近現代史』(二〇一三年、扶桑社)です。

①新王朝、成立
　皇帝が即位します。
②功臣の粛清

自分より強くなりそうな者、言うことを聞かない者の息の根を止めます。

③対外侵略戦争

人減らし。勝っても功臣を粛清で人減らし。

④漢字の一斉改変と改竄《かいざん》歴史書の作成

皇帝だけの特権です。

⑤閨閥《けいばつ》、宦官《かんがん》、官僚など皇帝側近の跳梁《ちょうりょう》

生き延びた人の特権です。

⑥秘密結社の乱立と農民反乱の全国化

こんなことをやっていると、いつしか人々の不満が爆発します。

⑦地方軍閥が中央に侵入

次の皇帝候補の将軍がやってきます。

①へ戻る

では、駆け足になりますが、中国の歴史をさらってみましょう。

まず、伝説の名君・舜《しゅん》から君主の地位を譲り受けた禹《う》が作ったのが夏《か》王朝です。これが紀元前二〇〇〇年から紀元前一六〇〇年ころのことです。最後の王・桀《けつ》が酒色におぼれて滅んだので、殷《いん》王朝になります。この王朝も最後の紂《ちゅう》王の放蕩《ほうとう》と悪性のために、次の周《しゅう》王朝を建てた武王《ぶおう》に滅ぼされます。周は四十年の平和を得ますが、東西に分裂して動乱の春秋時代（五覇の戦い）から戦国時代（七雄の戦い）を経て、最初の統一国家の秦《しん》が紀元前二二一年に建国します。以上、はしょったので①⑤⑥⑦だけですが、ワンパターンぶりの片《へん》鱗《りん》がわかるでしょうか。

　秦は、①建国から順調に⑤まで行って⑦へ進みます。滅びるまでわずか十五年。史上初めて皇帝となった始皇帝《しこうてい》の死後即位した子も孫も、寵臣《ちょうしん》の宦官・趙高《ちょうこう》の傀儡《かいらい》となり、まともな政治を行うことはできませんでした。

　次に、紀元前二〇六年に漢《かん》（前漢）を建てた劉邦《りゅうほう》も、建国と同時に②です。「背水の陣」で有名な将軍の韓信《かんしん》を、皇后の呂雉《りょち》（呂后）の讒言《ざんげん》で殺しています。呂雉といえばかの大陸で「三大悪女」の一人と言われる女傑です。劉邦の側室・戚夫人《せきふじん》の手足を切断し、目をくりぬき、のどを潰《つぶ》して厠《かわや》に姿をさらさせ、「人豚」と呼んで嘲笑《ちょうしょう》したという残酷な話が『史記』に残っています。これに類する話が、残る二人の悪女、唐《とう》の則天武后《そくてんぶこう》と清朝末期の西太后《せいたいごう》にあります。この国では、「人を惨たらしく殺す」ことも権力維持の道具です。

漢は国としては二百年ほど続きましたが、閨閥の王莽《おうもう》に乗っ取られます。王莽というのは、北朝鮮の金《キム》一族がまともに見えるような儒教原理主義者で、正気の人物ではありません。

王朝を乗っ取る前からやりたい放題をやっている人で、紀元後八年に「新《しん》」という王朝を建てましたが、十七年で農民反乱の後、光武《こうぶ》帝に倒されました。二八年に光武帝によって再興した漢（後漢）は約二百年続きますが、やはりパターンは同じです。

日本人にファンが多い『三国志』は、⑥や⑦の状態の後漢の末期から始まる物語です。三国時代は、ひたすら⑥と⑦の繰り返しです。曹操《そうそう》は官僚ですが、やたらと人気のある劉《りゅう》備《び》玄徳《げんとく》は、⑥秘密結社の乱立と農民反乱の全国化の中から出てきた人です。

三国時代を制して二六五年に建国した晋《しん》も、すぐ②、そして⑤、さらに⑦です。三〇四年からは五胡《ごこ》十六国時代に突入します。五胡とは、匈奴《きょうど》・鮮卑《せんぴ》・羯《けつ》・氐《てい》・羌《きょう》の五つの民族で、いずれも遊牧民族か山岳地帯に続いてきた少数民族です。十六国というのも、きちんと数えたわけではなく、実際にはもっと数があったと言われています。中国語では三より大きい数は「たくさん」です。

長い動乱の後、五八一年に統一されたのが隋《ずい》です。隋は北方遊牧民族の鮮卑族が建てた国です。いわゆる漢民族ではありません。異民族が皇帝になるのですが、今までのパターンは変わりません。順番どおりのことが並行して起きますが、最も国力を削ったのは東北部で国境を接した高句麗《こうくり》との戦いです。聖徳太子が「日出る処の天子、書を没する処の天子に致す」という素敵なラブレターを送った二代目の煬帝《ようだい》は、父の初代皇帝（文帝《ぶん》）と皇太子の兄を殺して帝位に就きましたが、次の代に譲ることなく、建国から四十年で唐にとって代わられます。

六一八年に隋を滅ぼして唐を建国した李淵《りえん》も鮮卑族の人です。二代目の太宗《たいそう》は兄弟を殺して帝位につくところまで隋と同じです。ただ、煬帝と違って、太宗の政治は「貞観《じょうがん》の治《ち》」と呼ばれ、その後の王朝でも理想とされました。続く三代目の高宗《こうそう》の後、高宗の后だった則天武后が初の女帝となります。女性が皇帝になっても、やはりパターンは変わりません。

九代皇帝の玄宗《げんそう》も、前半生のうちは善政をしき、「開元《かいげん》の治」と呼ばれます。唐はこのときが最も栄えます。その後、世界三大美女の一人に数えられる楊貴妃《ようきひ》に溺《おぼ》れて政務を乱し、七五五年に節度使《せつどし》の安禄山《あんろくざん》と史思明《ししめい》らが起こした「安史《あんし》の乱」を境にだらだらと衰退していきます。

唐が滅んだ後、①に戻れないまま⑦がひたすら繰り返される五代十国に進みます。動乱が五十年ほど続いて、九六〇年に趙匡胤《ちょうきょういん》が「宋《そう》」王朝を成立させます。

長い動乱の反動からか、宋は何でも「お金」で物事を片づけようとする文治政治に徹します。②と⑤が恒常的なものになるのは当然のことですが、そこで一気に⑦です。モンゴル人の女真《じょしん》族の遼《りょう》は、武力をチラつかせるだけで宋がお金をくれるので、カツアゲし放題です。第八代皇帝徽宗《きそう》のとき、東北の満洲人が金《きん》を建国すると、金と結んで遼を挟撃する約束をします（海上の盟）。しかし、軍事力は弱く、財政も逼迫《ひっぱく》して盟約を果たせません。一一二六年に、金は盟約違反の報復として首都・開封《かいほう》を攻撃し、徽宗、欽宗《きんそう》ほか皇帝の一族と官僚を拉致《らち》しました（靖康《せいこう》の変）。

一二七一年にはモンゴル帝国が版図を広げて宋を滅ぼし、元《げん》を建国しました。元は日本にも触手を伸ばし、一二七四年の文永《ぶんえい》の役、一二八一年の弘安《こうあん》の役、と海を渡ってきますが二度ともに返り討ちに遭い、国力が衰えます。その後は⑥、⑦です。ただ、元は明に滅ぼされたのではなく、大反乱に手を焼いて中国本土を捨てて本拠地を北に移し、北方のモンゴル高原に帰っただけです。

大動乱の中、一三六八年に貧民から身を起こした朱元璋《しゅげんしょう》が明を建国します。過去を隠したい朱元璋は、洪武《こうぶ》帝として即位すると、ただちに②功臣の粛清に取り掛かりました。毛沢東までは中華史上最大規模の粛清です。

明では宮廷内の派閥抗争もすさまじいうえ、満洲・モンゴル・ウイグル・チベット、倭《わ》寇《こう》の脅威にさらされ続け、末期には豊臣秀吉率いる日本軍の襲撃を受けて衰退していきます。

明の時代に⑥の農民反乱を起こした李自成《りじせい》が「順《じゅん》」を建国しますが、一か月で清に滅ぼされてしまいます。これなども①からいきなり⑦です。

一六三六年、満洲人の族長であるヌルハチが王朝を建国して金を名乗り、さらに清と名を変えます。清では珍しく名君が続き、特に康熙《こうき》帝・雍正《ようせい》帝・乾隆《けんりゅう》帝の四から六代皇帝のときには最大版図を得ます。

しかし、乾隆帝の末期から衰退がはじまり、寵臣であったヘシェンに国家予算の十五年分を着服されて国力が衰退します。その後、③欧米列強の侵略に抗しきれず、⑦一九一一年の辛亥《しんがい》革命を経て最後の皇帝・溥儀《ふぎ》が退位し、清朝は終わりを告げます。

代わった中華民国は一九一二年に政府を樹立しますが、常に地方軍閥が乱立する中で日本と戦っている状態です。日本がアメリカに負けて、連合国の一員に混ぜてもらいましたが、共産党との内戦に引き戻されてしまいました。①新王朝建国をしたはずが、⑥軍閥の乱入が延々と続いていただけの混乱状態で、とても国として数えられるような状態ではありませんでした。

その地方軍閥の一つが、毛沢東が率いる中国共産党でした。彼らは、さも自分たちが日本と戦って追い出したかのような歴史捏造《ねつぞう》を言いますが、そんな事実はありません。蔣介《しょうかい》石《せき》率いる国民党を日本にけしかけ、共倒れを待っていただけです。もっとも、毛沢東はその山奥の延安で、②の功臣の粛清を①の新王朝建国に先駆けて実行していましたが。

勝ちさえすれば暴力も陰謀も合法

おわかりでしょうか。この大陸で皇帝になる条件はたった一つしかありません。力です。武力、知力、財力、あらゆる力を駆使して平伏させることができるこことが「徳がある人」であり、勝ってしまえば、民族も出自も関係ありません。勝ちさえすれば、どのような暴力も陰謀も合法になります。その合法化こそが、④の皇帝の特権である漢字の一斉改変と改竄歴史書の作成です。今の中国共産党の毛沢東、習近平《しゅうきんぺい》は皇帝ではないだろうと言う方もあるかもしれませんが、それは単なる肩書の問題にすぎません。やっていることは一緒です。

日本と戦っていない中華人民共和国が、「抗日戦争」を声高に叫ぶプロパガンダなどは、れっきとした歴史改竄です。真実がどうだったかなど、彼らには関係ありません。彼らにとっては、真実ではなく、都合の良い物語が必要なのです。それを国民統合《ネーション》に利用しているだけです。

この国の歴史を最初に綴《つづ》ったのは、紀元前一世紀の初め、前漢の司馬遷《しばせん》と言われています。司馬遷の『史記』はもっとも古いプロトタイプとなります。前漢以降の歴代王朝は、王朝が成立すると、前の王朝を奪ったことや、今の王朝の正当性を確保するために、都合の悪い歴史を書き替えさせました。清朝まではこうしたことは、いじめられっ子が学校裏サイトに悪口を書き込む程度の話でしたが、現代はそれが強い武器になっています。

一つ前の時代、秦の始皇帝のときから漢字を作るということが行われ始めます。それは、異なる言語の地域を統一したため、皇帝の命令を伝えるという実用性の要請です。

冒頭に上げたウイグルなどは、トルコ語圏ですし、モンゴルや満洲はモンゴル語で、文字も発音も文法も異なります。秦以前の伝説の王朝は、実はすべて中華の外にいる蛮族（遊牧民族）ですし、いわゆる本来の漢民族は、秦から三国時代の間に絶えてしまったと言われています。漢民族が方々を侵食していったわけではないのです。隋や唐は鮮卑族ですし、元はモンゴル、清は満洲人の王朝です。

支配地域に皇帝の命が通ることとは、皇帝の力が及ぶ範囲＝中華がそれだけ広くなることでもあります。そのため、特に官僚に通じる言葉が必要になりました。中国の官僚の登竜門とされる科挙《かきょ》とは、実は言語オペレーターの養成試験であり、科挙に合格するためにまずやる勉強とは、「四書五経」を丸暗記することですが、それは儒教的な立派な人格を育てるなどというものではありません。

今、「中国語」と認知されている普通語や簡体字は、中華人民共和国が建国後に整備したものです。今の中国語には大量に日本語が含まれています。現代中国の指導者たちは、日本の支援を受け、日本で共産主義や近代国家に必要なことを学んだ人たちです。明治に日本人が訳した西洋の書物や日本をモデルに新体制を作ったからです。簡体字などは、まさに④の漢字の一斉改変です。これを国内に広めるために、毛沢東が利用したのが一九六八年に始まった文化大革命です。文化大革命は当時ナンバー2だった劉少奇《りゅうしょうき》を粛清することと（②）が目的でしたが、そのとき、国中に「毛沢東語録」を配ったのは、「毛沢東語録」を丸暗記させてアウトプットさせることで、「中国語を話す人が中国人である」という、ヒトラーと同じ理屈で国民国家を作ろうと考えたのです。最初に挙げた三つの辺境の自治区でも、その民族が使っている言葉、その言葉を使っている人を攻撃の対象にし、言語教育も、資料も破壊しました。

毛沢東は国語の重要性をわかっていました。実は、毛沢東というのは、実はものすごいインテリで、詞（cí：ツー）という、韻を踏んだ詩を作ることができる才能があります。

このあたりは、中国文学者の高島俊男さんが、「『詞』という詩は、一つ一つの詞題によってことばの配置の規則・制約が異なるというやっかいな形式なのであるが、（…中略…）殺伐、傲慢《ごうまん》になりかねない内容を、優雅で華麗な古典的表現によって統御している。こんな芸当のできる開国皇帝は、古来一人もいなかったのである」と評しています（高島俊男『中国の大盗賊・完全版』講談社現代新書、二〇〇四年）。

清朝時代を取り戻そうとしている習近平

ここで、中国史のパターンに合わせて、今の中華人民共和国の流れを追ってみましょう。

まず、一九四九年十月一日、毛沢東が中国共産党主席の地位につき、紫禁城の一部であった天安門の上で建国を宣言しました。①の新王朝、成立です。②功臣の粛清は、建国宣言以前から毛沢東のルーティンワークです。その最も大規模なものが「文化大革命」でした。毛沢東は死ぬまで粛清をやめたことはありません。翌一九五〇年には、朝鮮戦争に参戦し、北朝鮮を支援します。国境防衛の戦争と言われますが、毛沢東にとっても、この戦争は「人減らし」と粛清の手段なので、②と③を兼ねたようなものですし、③にあたるものは他にも細々あるので、これまたパターンどおりです。特に朝鮮戦争では、死んでもいい人間を選んで戦地に送り込みました。ところが、その中に毛沢東が後継者に期待していた息子の毛岸青《もうがんせい》が混じっていて、戦死させてしまいます。毛沢東が晩年を迎えると、当然、後継者が問題になりました。一九六八年に始まった文化大革命は、ナンバー2の劉少奇の粛清だけではなく、後継者問題も絡んでいたと言われています。毛沢東の四人目の妻・江《こう》青《せい》は、張春橋《ちょうしゅんきょう》、姚文元《ようぶんげん》、王洪文《おうこうぶん》の「四人組」で党の重要ポストの地位を握り、女帝の座につくことを狙《ねら》っていました。江青は毛沢東の死後、華国鋒《かこくほう》によって失脚し、主席の座は復権した鄧小平《とうしょうへい》、江沢民《こうたくみん》、胡錦濤《こきんとう》と引き継がれ現在の習近平に至ります。一九八九年六月四日の天安門事件は⑥と言えると思いますが、鎮圧されてしまったので、今の中国は⑤のところで止まっているというところでしょうか。ちなみに、江沢民は鄧小平の系列、習近平は江青ら四人組の系列に連なる人物です。

現在の中華思想の最小単位は、紫禁城から場を移した中南海といったところでしょうか。

この国は、王朝ごと、歴代皇帝ごとにでも国土が伸びたり縮んだりします。今の中華人民共和国のトップに立つ習近平は、最も「中華」の版図が広かった清朝時代を取り戻そうと考えています。かつて清朝の「中華」であったロシア領に中国語を話せる自国民を送り込んでいるのは、そのためです。ロシアだけでなく、日本も当然ターゲットにされています。飛び地だろうが何だろうがお構いなしです。

では、中国は陸続きの朝鮮をどのように見ているでしょうか。歴史を追いましょう。

「韓国は中国の一部」

紀元前一〇八年ごろ、中国では後漢の武帝の時代、衛氏《えいし》朝鮮を滅ぼされた後、朝鮮半島の大部分は漢の領土となっていたことがありました。楽浪《らくろう》郡を含む漢四都です。現在、中国と北朝鮮国境となっている鴨緑江《おうりょくこう》をはるかに超え、半島の三分の二を覆っていました。その後、後に満洲、北朝鮮となる地域で朱蒙《しゅもう》を始祖とする高句麗が起こります。この高句麗が中国か、韓国かという論争があります。二〇一七年四月の米中首脳会談の席で習近平がトランプに「韓国は中国の一部だ」と発言したことも物議を醸していますし（朝鮮日報社説　二〇一七年十一月十七日）、九月には、百済《くだら》の歴史も初期から中国史であると中国側が言い出しているという報道もあります。私は、こんなものをどちらの国のものとするかを決めることに意味があるのだろうかと疑問に思います。当時の高句麗の領域というのは、満洲のことですが、この地域にいたのは狩猟民族です。食料となる獲物を追って生活する狩猟民族にとって、国境は意味をなしません。どうやら、百済に至っては、紀元前二〇〇〇年前の夏王朝時代に紀元を求めているようですから、まともに受け応えるのもどうかという話です。今、どちらのものかと決めるということは、国境の定まった国家という概念を前提としたもので、こういう「今我々が住んでいる所に昔住んでいた人たちの領土は我々のものだ」考えは「ナチズム」そのものです。冒頭でお話ししたチベットやウイグル、内モンゴルにやろうとしていることと何ら変わりません。

精華大学の閻学通教授は「今の中国が目標とする過去の王朝は漢王朝だ」と言い切っているそうです（中澤克二『習近平の権力闘争』日本経済新聞出版社、二〇一五年、二六一頁）。漢王朝といえば、最初の歴史書『史記』を作った王朝です。前節でいう、中国の歴史パターンの④を、習近平「皇帝」が今まさに行っているということです。

「国民国家」への道を塞がれた韓国

歴史問題と言えば、一九八二年に、日本と中国・韓国との間で教科書問題が起きています。文部省が歴史教科書の検定で「侵略」を「進出」と書き換えさせたと、朝日新聞を中心とした主要紙・マスコミが報道したことが端緒です。しかし、この報道は事実ではなく、誤報でした。

当時の韓国の全斗煥《チョンドファン》政権は親日政権でしたし、中国でも鄧小平という中国の歴史の中では一番と言ってもよいくらい親日度が高い人でした。どちらも、日本から経済的な援助を受けて国を立て直すことを考えていた政権です。双方にとって、日本を攻撃せざるをえないネタというのは、アキレス腱《けん》、つまり弱みになります。このことで日本を下手に非難したら、得られる援助も得られなくなる可能性があり、逆に何もしなければ国内のバッシングを受けて政権を手放さなくてはならなくなります。

おりしも、朴正熙《パクチョンヒ》政権時代の末期から経済政策が上手くいかず、韓国国内は反日一色でした。全斗煥は朴正熙と同じく親日です。反日を叫べば叫ぶほど、国がまともにならないことをわかっています。ただ、反日一色の国をまとめて国を立て直すしかないのですから、表向きには「日本を克服して国を立て直そう」と言うしかありません。

そういう状態の両国にわかるように、わざと刺激するように歴史問題を蒸し返したことは、中韓両国に日本と組む外交を断ち切らせたという意味で、日本以上に痛かったのは韓国です。

しかも、当時の総理大臣、鈴木善幸が誤報であると突っぱねず、謝罪してしまいます。以後、慰安婦問題、靖国問題と歴史問題は常にこのパターンを繰り返しています。

朝日新聞の考える目的の正しさはともかく、その目的に対する合理性は完璧《かんぺき》です。韓国は、まともな国民国家になりそこないました。朝日新聞にまともな国民国家になる道を閉ざされたと言っても過言ではないでしょう。同時に、まったく日本の国益を大きく損ねてもいます。朝日新聞はいったい、どこの誰を利したいのでしょうか。少なくても、日本と韓国の味方ではなりません。

「シアター（場）」にすぎない朝鮮半島

私はいろいろなところで戦後の日本はプレイヤーではなく、ただの場「シアター」にすぎないとお話ししていますが、地政学的に朝鮮半島も今の日本と同じ「シアター」となる宿命を背負っています。今の日本が北朝鮮の拉致問題や、韓国の歴史問題と互角に渡り合えなくなっているのは、戦後レジームで、彼らと同じ「シアター」の立場にいるためです。

そんな朝鮮半島には、常に不思議な序列があります。「中国∨韓国∨その他」です。

この序列のもとになっているのは「小中華主義」です。二〇一七年に失脚した朴槿恵《パククネ》があからさまな親中の態度を取っていたことは記憶に新しいところです。

時をさかのぼって、朝鮮半島最初の統一王朝と言われている新羅《しらぎ》時代、六六三年に白村江の戦いがありました。当時の大陸は唐の則天武后の時代です。「唐・新羅連合軍」対「倭・百済連合軍」といわれていますが、すでに百済が滅んだ後で、日本の中大兄《なかのおおえ》皇子にとってはもともと勝てるものではありませんでした。もちろん、新羅が勝てたのは唐の力があったからです。唐が内陸のチベットとの戦いのために新羅から手を引き、単独で日本に向き合わなければならなくなると、六六八年に日本に朝貢して関係を回復します。七三五年には国号を「王城国」と改称したのを日本に叱責《しっせき》されて撤回する事件が起こります。国号変更に日本の許可が必要というような上下関係でした。日本は遣唐使の派遣をやめた九世紀以降、朝鮮半島からも手を引きます。その後、高麗《こうらい》、李氏《りし》朝鮮は歴代中華王朝に何事も決めてもらうようになります。韓流時代劇ドラマを一つでも見たことがある人なら、皇太子や新しい王様を逐一、中華王朝に認めてもらわなければならない、そのことで「ぐぬぬ」となる場面に一度は遭遇しているはずです。高麗時代はモンゴル人の元王朝に王様を決めてもらっていますし、李氏朝鮮になると明や清に対して、官僚がやる三跪九叩頭《さんききゅうこうとう》の礼をしてしまうのです。この人たちは、国民国家の前に主権国家にならなければなりません。

自ら日本ネーションになることを望んだ韓国

一八九四年の日清戦争で清が日本に負けると、朝鮮はロシアに媚びへつらいます。十九世紀に入っても七〜八世紀のころと変わりません。そういう国のあり方に疑問を感じた心あるコリアンは日本派になり、日韓併合が実現することになります。

このとき、日本では、コリアンを同化してエスニックに落として、日本ネーションに同化させてしまうか、コリアネーションのまま日本ネーションがエンパイアとして統治するかで意見が分かれていました。石橋湛山《いしばしたんざん》は放棄論ですが、吉野作造《よしのさくぞう》は、放棄はできないからエンパイアの中の他ネーションとしてやってはどうかとを考えていました。ところが、コリアンのほうが自らのアイデンティティを放棄して、日本ネーションになりたがります。関東軍が満洲事変を起こした一因には、チャイニーズが日本臣民（国民）にしていたコリアンをあまりにもひどくいじめるので、異ネーションではあるけれども日本臣民だからと、コリアンを守るために全世界を敵に回します。「恨みを忘れてもらうには手伝い戦をせよ」という法則がありますが、それでコリアンも日本人になりたいと思うようになっていったわけです。内地の日本ネーションの女性に選挙権がなかったときに、女性の朝鮮人は在日になったら選挙権があるという逆転現象まで起きていました。

後に述べますが、日本は国民国家が完成され過ぎていたために、植民地を持ったとき、植民地をどう扱うべきかを知りませんでした。もし今も大日本帝国が続いていて、韓国併合が続いていたら、北海道の人くらいに同化していたかもしれません。

主権国家にさえなっていない文在寅政権

一九四五年に日本が敗戦したらどうなったかというと、今度はアメリカとソ連の分割属国になってしまいます。もちろん、反対したコリアンもいましたが、北はソ連の手引きを受けた金日成《キムイルソン》の一族独裁国家の北朝鮮になり、南側は民主主義国家の大韓民国となって、李承晩《イスンマン》が大統領に就任します。李承晩はアメリカのプリンストン大学出身ですが、あのウッドロー・ウィルソンが総長をしていたときに在学しています。

『スカートの風』などで知られる済州島《チェジュド》出身で日本に帰化した呉善花《オソンファ》さんという作家がいます。済州島は今でこそリゾート地ですが、かつては流刑地でした。韓国社会というのは、同胞内での差別も激しく、王族と官僚や貴族である両班《ヤンパン》とそれ以外の人とでは住む世界が違います。韓国の行政区「道」ごとに差別が激しいそうです。

斉藤孝さんが監修している『にほんごであそぼ』という番組があって、『声に出して読みたい方言』というCD付きの本まで出ているのですが、こんなことは韓国や中国ではできません。中国でそれをやったら真っ先に文革の粛清対象にされてしまいます。韓国でやったら、地域差別を激化してしまうのです。言語で言うと、韓国は北と南では、ほぼまったく別のエスニックになり、差別があるのだそうです。呉善花さんが日本に帰化したのは済州島出身という被差別があまりにひどかったこと、加えて未婚の女性が生きていく世界としても非常につらい国だったという背景があるのだそうです。

韓国という国は基本的に反日を言わなければならない国です。日韓併合時代が終わった瞬間に「恨《ハン》」になって、それが韓国国民のアイデンティティになってしまいました。昼間に親日を言うと社会的に終わってしまうので、昼間、人前では反日を言いながら、こっそり日本と仲良くして、国民国家になろうとしていたのが冒頭で紹介した全斗煥と、その前の大統領で朴槿恵の父朴正熙です。朴正熙は帝国陸軍の軍人の経験があり、日本の国民国家を理解していました。私は『嘘だらけの日韓近現代史』で、韓国の法則を次のように書きました。

一、頭の中身がファンタジー
二、軍国主義でないと正気を保てない

三、反日を言っていないと親日になってしまう

このうちの「軍国主義でないと正気を保てない」というのは、なにも戦後、近代に限りません。新羅の時代から実はそうなのです。軍国主義というのは、暴力的なものの考え方であるというものすごい誤解がありますが、秩序を保つ、目的に沿って何をすべきか考える、何より、一致団結をするという点では、国民国家と共通点があります。軍の指揮官には当事者意識、当事者能力も求められるわけですが、これは対外的には条約遵守能力、対内的には治安維持能力であって、主権国家の要件と重なっているのです。

そして、現在の文在寅《ムンジェイン》政権の韓国は、国民国家以前に主権国家になっていません。

第三章　常に異ネーションをかかえた帝国ロシア

ロシアのルーツは三つのネーション

現在、世界最大の国土面積を誇るロシアは、ヨーロッパに隣接する位置にある三つの公国をそのルーツとしています。ノヴゴルド、キエフ、モスクワの三つです。当時の領域は、現在のロシア北西部から西部にかけてと、ウクライナ、ベラルーシになります。十三世紀ごろには、それぞれ大ルーシ、小ルーシ、白《ベロ》ルーシと呼ばれました。言語もごく近い系統で、同じ古ロシア語につながる言葉です。

ノヴゴルドはロシア北西部にある水運の要衝です。もともとはスラブ人が住む地域で、九世紀にバルト海からフィンランド湾を通ってやって来たバイキングが征服しました。バイキングはノルマン人ですが、スラブ人が追いやられたのではなく、支配層として建国したという歴史になっています。当時、スカンジナビアのノルマン人が「ルーシ」と呼ばれていて、その呼称が後の国名「ロシア」の語源だという説が有力です。他にも赤い髪の色を表す言葉や川の名称が転じたなど、いろいろな説があります。

このころのロシアは、スラブ人の部族ごとの小規模な集落です。交易の要衝であるノヴゴルドとキエフを治める部族が有力でしたが、ノヴゴルドで権力を握ったノルマン人、リューリクが南下侵攻の末、八八二年にキエフを制圧します。リューリク朝支配下で、ノヴゴルドとキエフは同君連合となりました。キエフは現在のウクライナの首都で、九世紀ごろから陸上交通の要衝だったことから、十三世紀ごろまで政治の中心となります。この時代をキエフ・ルーシと呼びます。

リューリク朝支配とは言っても、周辺の部族を統合的に従えることができたわけではありません。税の徴収権はキエフ大公にありましたが、主な役割は軍事遠征での統率です。治めているのがスラブ人のときも、ノルマン人に代わってからも、東ローマ帝国の首都コンスタンティノープルへはたびたび侵攻しています。遠征に失敗すると、他の部族長の支配地域へ税金の徴収に行ったときに殺されてしまった大公もいました。

周辺情勢は、ビザンティン帝国との対立があり、マジャール（ハンガリー）人、トルコ系のペチェネグ人、キプチャク族など遊牧騎馬民族の活動が活発でした。これらの遊牧騎馬民族からの防衛を大義名分に諸部族をまとめようとしますが、部族側は自立的な傾向が強く、政治的権威は右肩下がりになります。

十二世紀になると、周辺の諸公国を治めていたキエフ大公の子供たちによって、経済の要衝であるキエフを巡る争奪戦となります。地域住民は諸公同士の戦と遊牧騎馬民族の略奪の両方を避け、東北部へ移住する人々が増えます。国際経済都市の機能は維持されますが、政治の中心としては衰退していきました。

この東北部で栄えたのが、キエフ大公の息子の一人、ユーリー・ドルゴルーキーが建てたウラジーミル大公国です。息子アンドレイの代にキエフ占領を行いました。現在のロシアの首都、モスクワはユーリー・ドルゴルーキーの領地です。ユーリーがモスクワに作った木造要塞《ようさい》がクレムリンの始まりです。

文献でモスクワという地名の初出は一一四七年ですが、モスクワ大公国となるのは一二七一年のことです。

この間に、東方から強敵がやって来ました。モンゴル帝国です。一二三六年、モンゴル軍が侵入すると、モスクワはウラジーミル大公アレクサンドル・ネフスキーがモンゴル帝国に宥和《ゆうわ》政策を採り、キエフは潰滅《かいめつ》、ノヴゴルド公国は降伏しました。ちなみに、このときの侵攻でモスクワのクレムリンがなぎ倒されています。以降二百五十年間にわたってモンゴルに支配されました。これを「タタールの軛《くびき》」と呼びます。

モンゴル帝国の支配を断ち切る契機を作ったのは、イワン三世です。その治世を通じて、他の公国をどんどん併合して支配領域を増やします。一四五三年にオスマン帝国によって滅ぼされた東ローマ帝国の皇女を嫁に迎え、対外的にツァーリの称号を使用した最初の例になりました。

一四八〇年にモンゴル帝国の支配が終わると、イワン雷帝とも呼ばれるモスクワ大公、イワン四世は内外ともにツァーリの称号を名乗るようになります。モスクワが中心となって他の公国を併合していく時代をモスクワ・ロシア時代と呼びます。

このころは、周辺の遊牧騎馬民族ほど移動は激しくありませんが、ルーシも完全に定住していたわけではありません。タタールの軛を脱した後も、移動と領域拡張が続きます。東へ東へと版図を広げていくのがこの後のロシアの歴史です。

「エンパイア」「タタールの軛」「ギリシア正教」がアイデンティティ

以上がロシアの前史にあたるルーシの歴史概要ですが、以後、ロシアの国民国家としてのアイデンティティが形成されていく核となるものが三つ含まれています。

第一は、原型となる統治構造です。

まず、ノヴゴルド、キエフ、モスクワは別の公国ですから、それぞれがネーションです。三つの異なるネーションは、有力なネーションとなったキエフ公国の宗主権の下にあります。十一世紀後半からは、キエフやロストフ、ノヴゴルド、プスコフ、リャザン、スモレンスクといった主要な都市国家で、それぞれ住民たちがベーチェ（民会）という会議を持ちました。議決されていた内容は、行政官の選出や法律の承認、戦争の意思決定などです。初期のロシアは、宗主権の争奪が歴史の軸となります。

年代記を見ても、最も古いと言われているのは、十一世紀からキエフの修道院で編まれたものですが、各公国でもそれぞれに年代記が編まれています。それらを統合したものは、十五世紀以降のモスクワ時代に編まれることになり、十九世紀以降に全集として公刊されました。

つまり、自ネーションと他ネーションを区別する公国という各排他的認識を持ち、さらに遊牧騎馬民族やオスマン帝国など、諸公国に共通する外敵という排他的認識の両方を持っていたのです。

宗主権を持つ最有力のネーションは、内部において支配領域を広げながら、外部に対しては他ネーションを取りまとめ、税と兵を徴発して軍事・外交を指導します。統治構造の原型は、支配地域の中に多ネーションを含む、エンパイアです。

第二は、タタールの軛です。

ウラジーミル大公アレクサンドル・ネフスキーの時代、対モンゴル政策が宥和的だったのは、バチカンによる十字軍への対抗です。東ローマ帝国は最終的にオスマン帝国に滅ぼされますが、それよりも前に一二〇二年の第四回十字軍によって踏み潰されました。アレクサンドル・ネフスキーは勇名を馳《は》せた武将で、一二四〇年にノヴゴルド公国の領域に侵入しようとしたドイツ騎士修道会を撃退した「氷上の戦い」が有名です。

その息子のダニール・アレクサンドルビッチは、モンゴル帝国の承認を受けてモスクワ大公となります。ロシア史視点では、モンゴル帝国の直接支配に対し、自立心の強い諸公国が現地支配権をもぎ取って間接支配にとどめたとしています。さらにその間接支配による干渉を拒否して、タタールの軛から脱したのがイワン三世であり、東ローマ帝国の正統後継者としてロシアをまとめた、という説明になります。

実態としては、大公の任命権はモンゴル帝国、正確にはキプチャク・ハーン国が持っていました。キプチャク・ハーンは、フビライ・ハーンの息子ジュチの所領を、さらにその息子のバトゥが西へ広げて建てた国です。バトゥは「賢王」と呼ばれました。直接的に統治に関わるキプチャク・ハーン国を「ハーン」、本体のモンゴル帝国を「大ハーン」と呼び分けます。

モンゴル帝国は各公国の大公に対して、サライ（宮廷）への伺候をさせていたので、大公同士がモンゴル帝国の宮廷で政争を繰り広げるという有様です。その宮廷政争に勝ち抜いたのがモスクワ大公です。

つまり、複数のネーションを包含するエンパイアという構造はそのままで、エンパイアがモンゴル帝国となっているのです。このころのロシアについては、歴史学者の宮脇淳子先生による『どの教科書にも書かれていない日本人のための世界史』（KADOKAWA、二〇一七年）で詳しく述べられています。宮脇先生によれば、モンゴル帝国の影響は、先に述べた「ツァーリ」の概念にまで及ぶといいます。十三世紀以降、十六世紀初頭にロシアの修道院僧が東ローマ帝国後継者説を提唱するまでは、モンゴル語の君主「ハーン」の訳語として使われ、十六世紀以降の「ツァーリ」の意味ではないと指摘しています。このころのロシア統治の権威がモンゴル帝国にあったことをよく表しています。

ソ連時代の学者の間で、共産党の独裁体制はモンゴルの影響か否かという大論争があり、「タタールの軛以前から専制政治をやっていた、モンゴルの影響など受けていない」という強弁が優勢だったとか。エンパイアは国境を飛び越える概念です。共産主義も国境を飛び越える概念ですが、否定できない史実であるタタールの軛は、共産主義者にとっても悔しかったようです。

そして、第三がギリシア正教です。

ギリシア正教が国教となったのは九八九年、キエフ・ロシア時代のことです。キエフ大公となったウラジーミル一世によります。このときに、東ローマ帝国の皇女を嫁に迎えています。東ローマ帝国は、キエフに府主教座を置きます。主教はギリシア正教で聖職の最高位（カトリックの司教、プロテスタントでは監督）で、コンスタンティノープルにいる総主教が一番偉い人、府主教は赴任地にあたる教区の統括責任者です。府主教座は統括責任者の執務席になりますから、キエフがこの地域の信仰の取りまとめをするということです。

モンゴル帝国の侵入以降はキエフが潰滅し荒廃してしまうので、十四世紀前半には府主教座がモスクワに移されます。キエフには多くの聖堂跡がありますが、建造物として残っているソフィア大聖堂は十一世紀の初めに建てられ、ビザンティン様式の名残が見られることで有名です。

第二に挙げたタタールの軛の最中も、ギリシア正教は存続します。なぜなら、モンゴル帝国は税の徴収や兵の徴募、行政に必要な徴発は行いますが、現地の信仰や慣習に寛容だったからです。教会や修道院に対しては、免税やサライへの伺候免除などの保護を行い、サライのある都への教会建立を認めていたという寛容さです。モスクワでも多くの聖堂や修道院が建てられました。

時代が下るにつれてギリシア正教の典礼が土着化し、後に分派を生むという混乱も起こりますが、東ローマ帝国が衰退した後も一貫した信仰が維持されます。

ギリシア正教もエンパイアの一つの形態です。正教は、十世紀ごろにはルーシのほか、ブルガリア帝国が国教化し、セルビアも教化されていました。各地で普及したギリシア正教をまとめて、東方教会という呼び方もします。西方のカトリックはローマ教皇と皇帝が権威と権力を分け持ちますが、東ローマ皇帝は伝統的に宗教的な権威と世俗的な権力の両方を持ちます。後に、ロシア帝国の成立とともに確立する無制限専制君主制は、この伝統を背景としています。

十五世紀なかばには、東ローマ帝国とバルカン半島がオスマン帝国の支配下に入り、モスクワがギリシア正教の中心となります。十六世紀初頭には「第三ローマ論」が登場しました。キリスト教世界帝国の皇帝という意味での「ツァーリ」が再認識されるのも、このころです。

複数のネーションを包含したまま、モンゴル・エンパイアからロシア・エンパイアへ移行するのです。

ピョートル大帝で「ロシア」が成立

移行の過程は、モスクワ大公国が中心になって進んでいきます。

タタールの軛から脱した英雄、イワン三世（在位一四六二〜一五〇五年）が十五世紀なかば過ぎから二十年かけて併合した公国は五か国を数えます。一四八〇年にモンゴル軍が撤退すると、その後の十年で隣国のリトアニア大公国を攻略しました。当時のリトアニア大公国は、十四世紀以降バルト海から黒海にかけての領域を治める大きな国です。隣国ポーランドと同盟し、ドイツ騎士団と戦っています。

イワン三世は、現在のベラルーシ、ウクライナの東側を獲得し、さらにバルト海に面したリボニア（現在のラトビア、エストニア）に圧力をかけます。

リボニアは十世紀ごろにバイキングの影響を受け、ロシア諸公国の勢力圏でしたが、十三世紀までにドイツが征服しています。騎士修道会とカトリック司教の領地で、先住民を農奴とし、中心地は商業都市となっていました。イワン三世は土地を治めるリボニア騎士団に対して、モスクワ大公国への貢納を義務付けることに成功します。

また、二百五十年にわたりルーシ諸侯の上に君臨したキプチャク・ハーン国は、十四世紀初頭から他ハーン国との争いや、本体の大ハーンでの後継者争いがあり、このころには六か国に分裂しています。それら継承国の一つ、カザン・ハーン国がモスクワの影響下に置かれました。

イワン三世は領土を広げると同時に、内政では行政と法制の整備を行っていきます。跡を継いだワシーリー三世（在位一五〇五～一五三三年）も、その治世の間に他公国の併合を進め、リトアニア大公国との戦争を引き継ぎました。内政では皇帝の支持基盤である中小貴族を保護育成します。伝統的な大貴族や教会勢力は、集権的な政策と対立傾向にありました。知行地を与えられ経済的な基盤を得た中小貴族は、それらを抑える勢力となります。

ワシーリー三世の後に登場するのが、イワン雷帝（イワン四世、在位一五三三～一五八四年）です。あまり記録の残っていない人ですが、即位したのが三歳と幼く、有力貴族たちの政争の中で成長しました。東ローマ帝国の君主理念は、その当時の府主教から学んだと言われます。外交上の称号としてだけではなく、内政においても「全ルーシのツァーリ」を名乗った最初となりました。

対外的には、先代までに影響下に置いていたカザン・ハーン国と、同様にキプチャク・ハーン国の継承国の一つであるアストラハン・ハーン国を併合します。さらにクリミア半島のクリム・ハーン国にも兵を送りますが、十五世紀後半からオスマン帝国が宗主権を持っています。一五六八年から一五七〇年まで、露土戦争を戦い、何とか防衛しました。西側ではリトアニアとポーランドが同君連合を組みますが、リボニア戦争でバルト海への進出を目指します。

リボニア戦争の最中には、世襲領を持つ貴族を土地から追い出した皇帝直轄領と、それを与えられた親衛隊によるオプリチニナ体制を敷きます。この中でも有名なのが、特別親衛隊オプリチニキと呼ばれる皇帝直轄秘密警察です。ノヴゴルドは敵国通牒《つうちょう》の疑いで、住民が大虐殺の憂き目に遭います。

イワン四世の時代は、ひたすら領土拡張です。西でははかばかしい成果はなく、東へ東へと領域を広げていきます。領土は大きくなりますが、このころはまだモスクワ大公国です。

イワン四世とその後を継いだフョードルまでは、リューリク朝と呼ばれます。もとになっているのが伝説なので、信憑性《しんぴょうせい》には議論が多いのですが、九世紀にノヴゴルドに上陸したノルマン人の子孫とされます。フョードルの後は混乱期を経て、古くからの名門貴族だったロマノフ家が皇位を継ぎ、ロマノフ朝が開かれました。イワン雷帝の妃だったアナスタシアの出身家で、ロマノフ朝初代のミハイル・ロマノフはアナスタシアの甥です。

正式な国名に「ロシア」が使われるようになったのは、ロマノフ朝のピョートル大帝（一世、在位一六八二〜一七二五年）のときです。ピョートル大帝は、ミハイル・ロマノフの孫にあたります。

一七〇〇年から一七二一年まで、スウェーデンと戦った北方戦争の戦勝記念で、モスクワ大公国をロシア帝国という国号に改めました。

当時のスウェーデンは、バルト海帝国とも呼ばれる強国です。スウェーデンに奪われた領土の回復を目指すザクセン、デンマークと同盟を組みます。上陸して進軍するスウェーデン軍を迎え撃ち、現在のウクライナ北東部、ポルタワの会戦で撃破すると、スウェーデン軍を海へ追い落としました。ロシアのバルチック艦隊は、この北方戦争が始まったころにピョートル大帝が創設した歴史を持ちます。バルチック艦隊がバンゲ沖海戦でスウェーデン艦隊を破り、大勢が決します。

このころには、スウェーデンによって王様を退位させられていたポーランドが戦列に復帰し、プロイセンが参戦、一七二一年八月にはフィンランドのニシュタットで和議が結ばれました。これを記念して、ピョートル大帝は元老院にインペラートルの称号を贈らせます。ロシアはここから始まるのです。

緩衝地帯を求める理由

一七二一年以降のロシアは、それまでと同様にエンパイアの統治構造です。

ピョートル大帝は、教育や産業、技術で内政を大改革しながら、バルチック艦隊創設のほか、陸軍の改革を行います。そのせいで、ピョートル大帝にアンチキリスト説が広まり、対オスマン帝国の前進基地で造船を奨励していたアストラハンや、コサック集団に反乱を起こされるという副作用付きです。

ここで、国民国家形成の核に「領域拡大」が加わります。

彼らの領域拡大は、ピョートル大帝の即位以前から始まっています。十七世紀初頭にはベーリング海に到達しました。東方への拡大を担った銃兵団のコサックは、一六八三年にはアムール河で清国の軍と交戦しています。もともとコサック集団は半分自由民のような出自で、ロシアは政策として武器弾薬、食糧などを提供し、兵として利用していました。

南へ東へと支配地域を拡大していく中で、清朝の康熙帝（在位一六六一〜一七二二年）にシベリア以南の侵出を阻止されます。一六八九年、ネルチンスク条約です。南下できなくなったため、アラスカにまで渡ってしまうのがロシアの領域拡大の力です。ピョートル大帝の命で大規模な探検隊を送り、一七四一年、V・J・ベーリングの探検隊が上陸しています。一八六七年、毛皮の商売が上手くいかず、アメリカに二束三文で売却した後に石油が出たというのは、よく知られた話です。この売却については、現在でも賛否があるようです。

シベリアやアラスカの現地住民は、村が点在している部族社会、トライブです。口承文芸学者の齋藤君子氏が『シベリア神話の旅』（三弥井書店、二〇一一年）の中で、シベリアに伝わる天地開闢《かいびゃく》や自然信仰に根差す口承が集められていますが、文化も信仰もまったく異なります。現在はスラブ系住民が九五％を占め、残り五％には数十の先住民族が含まれます。言語も多彩です。

ロシアが国境を外へと広げるのは、タタールの軛の経験からです。他の大国と直接国境を接しないために、いざというときに切り捨てることのできる緩衝地帯を作るのです。近代でも、冷戦時代には西側諸国との間に衛星国を置きました。満洲やモンゴルに対する考え方も同様です。蔣介石が満蒙を治め、中国本土を毛沢東が取るというのは、ロシアにも蔣介石にも理想だったのです。蔣介石が弱すぎて、毛沢東が先にモンゴル経由で満洲に来てしまったのが大誤算でした。毛沢東は、どれほど日本が築いた重工業地帯と武器が欲しかったのか。

ロシアは領土が広大で、しかも陸地ですから物理的に巨大に見えますが、ウラル山脈よりも東はいざとなれば切り離しても本体に影響がないのです。本体はウラル山脈の西側です。東へ領土を広げていたころも、宮廷はドイツとフランスにかぶれていたくらいです。この考え方は、後年ロシア革命を起こしたときのレーニンも変わりません。

最近、この領土の広さがやたらと巨大に見えるのが、地図の都合によることが話題になっています。ここ数年、ウェブ地図上で各国の大きさを比べることのできるツールも人気です。一般的な世界地図に使われているメルカトル図法は、方位が正確なので航海用の海図として国際的に指定されていますが、赤道に近いところは実際の比率での表示になり、南北の極に近づくほど大きく表示されます。地図上の見た目が巨大な国を超大国と勘違いしてしまうのは、日本人の素直なところです。かつてソ連の外交官が、世界中でメルカトル図法を推奨していたこともあるとか。

たとえばスペインなど、南米にどれほど大きな植民地を持っていても、本国はヨーロッパでそれしか領土がないじゃないか、くらいに考えるのがロシアです。ヨーロッパの連中も、ロシアなど使えない土地を持っているだけだ、国力はたいしたことない、と考えています。

多彩な言語と捏造だらけの国史

ロシアは多ネーションを内包するエンパイアですから、言語が多彩です。ロシア語のほか、宮廷ではフランス語、ドイツ語が飛び交っていました。現在も公用語が複数あり、各共和国はロシア語のほか、自分の国の公用語を選ぶことができます。学術に使われるのはロシア語ですが、日本で言うところの「国語」という概念があるかどうか。

そもそも首都のサンクト・ペテルブルク自体がドイツ語読みです。一七〇三年にピョートル大帝がペトロパブロフスク要塞を築いたことから、もとは「ペテロの市」という意味のオランダ語「ピーテルブルッフ」に、ロシア語の「サンクト」（聖なる）をつけた「サンクト・ピーテルブルッフ」が公式名称でした。一八一二年にモスクワから遷都、その後一八二五年にドイツ語読みになってから、一九一四年まで変わりません。ドイツとの戦争で「〜ブルク」が敵性語とされ、スラブ語の「ペトログラード」になります。ギリシア語風の「ペトロポーリ」「ペトロポリス」とも呼ばれました。

国史はあることはあります。多くの年代記が全集として公刊されていることは、先に書いたとおりですが、ほかにもアレクサンドル一世が歴史編纂《へんさん》官の称号を与えたニコライ・カラムジンによる『ロシア国史』があります。歴史書として評価が高いのは、クリュチェフスキーによるモスクワ大学の講義録『ロシア史講義』と、クリュチェフスキーが師事したセルゲイ・ソロビヨフによる大著『古代からのロシア史』です。

年代記は日本の『古事記』のようなものですし、カラムジンの『ロシア国史』は主観的すぎて「史料以外は文学」という評価になりますが、基本的には「西ヨーロッパが暗黒の中世だった時代に騎馬民族が南下し、ヨーロッパに定住して以来の子孫で、そのころの東ローマ帝国の正統後継者である」というストーリーが国史です。

すでにここまでお読みの方はお気づきだと思いますが、東ローマ帝国があったころのルーシは辺境です。過去にさかのぼって後継者を名乗っているわけです。当然ながら、西ヨーロッパの人々からすれば、そのころそこにいなかった連中が勝手に名乗っているだけだと思っています。何しろ、ロシアがヨーロッパだと認められる契機となったのは、一六八三年のオスマン帝国による第二次ウィーン包囲作戦のときなのです。一六八六年、ポーランドとの間に永遠平和条約を結び、対オスマン帝国の神聖同盟に加わったことで、ヨーロッパの一員となりました。

十八世紀から十九世紀にわたって何度も戦われた露土戦争で、コンスタンティノープル（トルコ名でイスタンブール）攻略が悲願だったのは、東ローマ帝国の後継者を名乗っていたからです。ところが、攻略しようとすると他の列強に阻止されます。たとえば、十九世紀後半、バルカン半島に足がかりを得たロシアがコンスタンティノープルをうかがう勢いになったときなど、イギリス、フランス、サルディーニャにクリミア戦争で袋叩きにされました。

西ヨーロッパの国々が教会・王権・国民という三つ巴《どもえ》で国民国家化していく中、ピョートル大帝以降はロシアでも「ロシア人意識」が形成されていきます。しかし、統治構造の基本がエンパイアですから、常に異なるネーションを国内に抱え続けるのが特色です。ロシアとプロイセンの間で話をつけてポーランドを分割すれば、ポーランド人（ネーション）が自国領域に存在し続け、戦争でスウェーデンに勝ってフィンランドを奪い取れば、フィンランド貴族はそのままネーションとして存在するといった状態です。「ロシアの中の○○人」という意識は、国民化されたエスニックではないため、後述するアメリカとは異なります。

『嘘だらけの日露近現代史』（扶桑社、二〇一五年）で、「ロシアの法則」を書きましたが、法則その五「弱いヤツは潰す」のとおり、弱い者は数に数えず、どんどん吸収していきますから、国民化を最初から考えません。七十くらいの国を併合して、併合した土地の王であることを皇帝の正式称号に書き込みます。日露戦争のときにロシア側の宣戦布告書を見て、皇帝ニコライ二世の正式な称号に日本人が仰天したとか。あまりに長いので出だしだけ紹介しておくと、

「神の恩寵下における我ニコライ二世、全ロシア、モスクワ、キエフ、ヴラディーミルならびにノヴゴロドのインペラートルおよび絶対君主：カザンのツァーリ、アストラハンのツァーリ、ポーランドのツァーリ、シベリアのツァーリ、ケルソネスのツァーリ、グルジアのツァーリ：プスコフの領主ならびに……（以下続く）」

といった調子です。

日露戦争での明石元二郎《あかしもとじろう》の諜報・工作活動は、ロシア帝国内に異ネーションを抱えていることをわかっていたから、工作によって革命を起こさせることができたのです。

ロシア帝国を乗っ取ったレーニン

伝統的なエンパイアの統治構造で発展したロシア帝国は、皇帝による専制支配で運用されていました。

十六世紀後半、イワン雷帝の治世後半以降、帝政ロシアの体制をツァーリズムと呼びます。皇帝が最高権限を持ち、各公国時代からの古い貴族層ではなく、モスクワ大公に仕えてきた中小貴族が中心となります。ピョートル大帝は新しい爵位を創設して、それまでの家門にかかわらず一定条件の下で貴族となれるようにしました。そのうえで、中小貴族と新設の貴族を軍隊や警察の幹部も含む官僚機構として整備します。ちょうど七世紀初めに、日本の朝廷で位階が定められたころのようなものです。

専制の仕組みは、ピョートル大帝の改革に始まり、アレクサンドル一世のときに完成すると言われます。それを支えたのが農奴制です。新しい貴族は、農奴を持つ権利を保障されていました。前出のアレクサンドル一世の歴史編纂官、カラムジンは『ロシア国史』の中で、専制と農奴制について、多民族国家の安全にとって必要不可欠なものとして擁護しています。

アレクサンドル一世の後を継いだ弟のニコライ一世（在位一八二五〜一八五五年）は、皇帝直属官房第三部という秘密政治警察を作ります。国内の反政府動向の監視から検閲の実施、国外での情報収集まで監視する組織です。プーシキンやツルゲーネフ、ドストエフスキーらの文学も監視対象となりました。

日露戦争での敗戦を契機に、帝政ロシア内では専制からの転換を図るような動きもありました。ドゥーマと呼ばれる下院と、上院にあたる国家評議会です。下院で中心になったのは、地主やブルジョワのほか、大学教授などの知識人層からなるカデット（立憲民主党）です。

第一次大戦当時、イギリスのエドワード・グレイ外相は、ドゥーマをイギリスのような議会だと思っていたようですが、勘違いです。

皇帝政府に都合の悪い問題提起がされれば議会は解散され、都合の良い議員を選出できる選挙操作も行われ、立憲君主制を目指す自由主義は社会主義者とともに潰されます。国民国家になる前に民主化をすると、各利益代表による利害が衝突して必ず揉めるのですが、皇帝と貴族による専制が続くので、議会があってもそんな揉めごとは顕在化しません。帝政ロシアの議会は、ロシア革命までの十年ほどで終わってしまいます。

そうこうするうちに、第一次世界大戦が勃発しました。帝政ロシアは、皇帝政府を転覆したソ連に乗っ取られることになります。時の皇帝ニコライ二世は、皇太子時代の来日時、日本の官憲に狼藉《ろうぜき》された大津事件で日本でも有名です。革命によってロシア帝国最後の皇帝となります。

ロシア革命の細かい経緯はここでは割愛しますが、重要なのはソ連共産党がはたして伝統的なエンパイアの統治構造を覆したのかどうかです。結論から言えば、エンパイアの構造を利用してすべてを乗っ取りました。

ルーシのころから、ロシアの統治構造が多数のネーションを包含するエンパイアであることは変わりません。ソ連共産党は、たとえばアゼルバイジャンやグルジアなど、エンパイア内の他ネーションに対して、その国の中に共産党を作り、党を通じて他ネーションを乗っ取っていくのです。ロシア革命当時は、レーニン率いるボリシェビキ党が母体となって、各地の議会（ソビエト）を動かしました。

第二次世界大戦末期、ヤルタ会談でアメリカとソ連が国際連合の招請国を決めていたときも、ソ連が十五の共和国をすべて加入させろと言って、アメリカに「じゃあうちも五十州全部加盟させる」と応酬されたという逸話があります。最終的にはウクライナとベラル

ロシア＝モスクワ＋キエフ＋ノヴゴロド

ソ連の支配構造

ーシの加入で妥協し、ソ連と併せて三票の議決票を持つことになりました。戦後の国際政治上の優位を考えたというよりも、ソ連自身が「多ネーションのまとまり」という認識だった一例です。

ソ連共産党の他国支配システムは、小著『国際法で読み解く戦後史の真実』（ＰＨＰ研究所、二〇一七年）で挙げておきましたが、方法論はロシア内部の異ネーション支配を対外的に拡大したものと言えます。

たとえば、中国がそうです。ただ、毛沢東が勝手に動き回るので、衛星国にはできませんでした。第二次世界大戦後は、ブルガリアやルーマニア、ポーランドなど、本来対等な国家同士のはずの国々で、現地の共産党を通じて間接統治を行うことになります。現地で非合法化されていなければ、自国に存在する政党ですから、内政干渉でもありません。ソ連本人は、「国際法は破っていない」と大まじめです。

ソ連建国が一九二二年ですが、レーニンは一九一七年のロシア革命当初から、これを戦術としていて、そのための組織がコミンテルン（第三インターナショナル）です。一九二四年、スベルドロフスク大学でスターリンが行った、「レーニン主義の基礎について」という講演は日本語にも翻訳されていて、レーニン主義がどのようなものかを知るのに便利な資料です。特にその戦術という部分では、第二インターナショナル時代の戦略について、「プロレタリア軍を編成し訓練するために合法的発展のあらゆる方法を利用すること、プロレタリアートは野党の地位にとどまっていたし、またとどまっていなければならないとみられていたが、そういう諸条件に応じて議会制度を利用すること、要するに、これが任務であった」

と批判を加え、ロシアの十月革命以降の新たな段階として、

「目標――一国におけるプロレタリアートの独裁を、すべての国で帝国主義にうちかつための拠点として利用しながら、この独裁を強固にすること。革命は一国のわくを越え、世界革命の時代が始まった」

という目標を掲げています。理論上は、旧ロシア帝国の域外においても、共産党の指導による政権の樹立とともに連邦の一員になれるというもので、ソビエト連邦を「同盟」とした論もあります。共産主義が皇帝に取って代わっただけで、エンパイアの構造であるこ

とに違いはありません。これが一九九一年まで続きます。

ロシア・ナショナリズムでソ連に対抗したエリツィン

一九九一年のソ連崩壊は、核戦争と人類滅亡という文脈で語られていた東西冷戦の終結と宣伝されました。では、どのようにして崩壊したのか。

書記長として諸改革に取り組んだミハイル・ゴルバチョフは、ソ連の最末期に大統領制を導入して自ら就任します。最初にして最後の「ソビエト連邦大統領」です。

一九二二年にソビエト連邦が正式に成立する核となったのは、ロシア、ウクライナ、白ロシア（ベラルーシ）、ザカフカスが結んだ同盟条約ですが、ゴルバチョフはこれを新しいものに変更しようと提案して、一九九一年八月、保守派がクーデターを起こします。これを鎮圧したのがボリス・エリツィンです。

エリツィンは、モスクワ政界時代にゴルバチョフの下で改革を支持し、保守派に中央から追い出されると、一九九〇年五月、ロシア最高会議議長に就任します。ロシア連邦は、ソビエト連邦を構成する共和国の一つで、連邦内の規模は最大です。ソビエト連邦というのは、「ロシアとその他」の集合体で、ロシアが抜ければ十四の小国が残るだけです。それらを全部足しても普通の小国程度の規模にしかなりません。

エリツィンはソ連共産党支配からロシアを独立させるとして、一九九〇年六月、主権宣言をします。翌七月にはソ連邦共産党を離党し、一九九一年六月、ロシア連邦初代大統領に就任しました。ロシア連邦政府は、八月クーデターの鎮圧に動きます。

クーデター失敗の直後、ウクライナとベラルーシも独立を宣言、十二月にソビエト連邦が消滅しました。解体と言われますが、ソ連共産党が直接支配していたロシア連邦が抜けた瞬間、ソ連が消滅したというのが正確です。エリツィンは、ソ連共産党一党独裁のファシズムに対し、ロシアの国家主義、つまりロシア・ナショナリズムを持ち出して対抗したのです。

主権宣言をしても、ロシア自体がたくさんの異ネーションを抱えています。この入れ子の構造は、まるでロシアの民芸品、マトリョーシカのようです。一番外側のソ連という人形を取り払っても、次に出てくるロシアという人形の中に、たくさんの人形が入っているわけです。古くは七世紀から名称が見られるチェチェンやイングーシのほか、現在でも旧満洲国国境付近にはユダヤ人自治区があります。戦前、満洲にユダヤ人移民を受け入れ、その資本を導入しようという話もありました。

チェチェンなどの独立をめぐって、長期にわたる紛争が起こるのはこのためです。内政では民族問題、外交では中国やアメリカ、ヨーロッパとの関係をどう着地させるかが、ソ連崩壊後のロシアが抱える大きな課題でした。

エリツィン政権が課題に取り組んでいる最中に、片っ端から邪魔をしたのがアメリカのクリントン大統領です。チェチェンの独立戦争をあおりかねないユーゴ紛争に口を出し、コソボ紛争でもエリツィンのメンツを潰して回りました。最終的に国内の支持を失ったエリツィンに取って代わったのが、現在の大統領、ウラジーミル・プーチンです。

エリツィンによるロシア国民国家化の試みは、外交においてはクリントンが阻害し、内政においてはプーチンに蹴散《けち》らされ、はかなくも十年で潰されました。

プーチンが目指すのはガスプロム版ソ連

現在のプーチンがやっているのは、端的に言えばソ連の復活です。共産主義がガスプロムに代わったと考えるとわかりやすいでしょう。

ガスプロムは世界最大のガス会社です。モスクワに本社を置き、ロシア政府が株式の五〇%を持っている、実質的な国営企業です。GDPに占める割合がおよそ一〇%にも上ります。

プーチンやメドベージェフというのは、ガスプロムの利益代表です。マフィアと企業〝舎兄〟の関係で、実際に二〇〇一年にガスプロムの社長兼CEOとなったアレクセイ・

ミレルは、プーチンの片腕と言われています。

国家と企業の関係で言い換えれば、ロシアにおけるガスプロムは、イギリスにおける東インド会社です。十七世紀から十九世紀なかばまで、イギリスと植民地間の交易・流通を独占した貿易会社ですが、インド各地の商館を要塞化し、通関の特権を得たほか、現地で税徴収の制度を構築するなど、インド支配の基盤を作りました。なお、輸出向け商品として、アヘンを開発したのもこの会社です。

東インド会社はイギリスによるインド植民地支配の尖兵《せんぺい》ですが、ガスプロムの場合は、自国であるロシアに対する東インド会社政策と言えます。自国のロシアよりも、超大口顧客の中国が企業利益ですから、ロシアの国策は当然中国優先です。

その利益代表であるプーチンをロシアの愛国者だと言っている人がいますが、そういう人に限って、謎のヘリコプター事故で死んだアレクサンダー・レベジのことは知りません。小著『嘘だらけの日露近現代史』（扶桑社、二〇一五年）でページを割いておきましたが、本書のテーマに沿って言えば、レベジはロシア・ナショナリストです。エリツィンとは大統領選で争いますが、ソ連からロシアを取り返すのに協力し、取り返した後はチェチェン紛争の凍結や西側諸国との関係改善に尽力しています。政治的にも共産主義と決別し、自由主義経済の導入を目指すという、ロシア史上で一番と言っても良い真人間でした。

プーチンの政敵はよく事故に遭うようです。日本の親プーチン派は言いたがりませんが。プーチンにとって、NATOと接近しようとしていたレベジが邪魔であったことは確かです。ロシアが自由主義となることは、国境を接する中国との対峙《たいじ》を意味します。プーチンは中国と組むことを選びました。大統領になって間もない二〇〇一年、上海協力機構が正式発足します。

上海協力機構は軍事同盟です。北京に事務局を置き、イスラム過激派対策やテロ防止を掲げていますが、発足当時から仮想敵はアメリカです。近年は、資源開発やエネルギー分野まで協力関係を広げています。

自国のロシア人から搾取し、中国の後にくっついて行く政策のプーチンを褒め称える日本人は、間違いなく全員——一人を除いて——バカです。きちんと地域研究をしていて、わかっていてやっている一人と、残りの人たちの名誉のために、実名は挙げませんが。

アメリカは、自分たちが直接関わったイラクでもそうですが、一足飛びに民主化を押し付けようとします。ソ連崩壊のときも、西側メディアは民主化と言っていました。一定年齢以上の方は、よく報道で流れていたことを覚えていると思います。しかし、民主化は国民国家を前提としなければできません。国内で「人を殺してはいけません」という価値共有ができなければ、揉めごとを話し合いで解決することは不可能なのです。

序章で「国民国家の前提は主権国家である」と説明しましたが、エリツィンとレベジの時代は、ソビエト共産党の支配から脱しようと主権を宣言し、ロシア人として国民国家を作ろうとしていた時代です。つまり内に抱える異ネーションとも「人を殺してはいけません」という価値共有をしようと努力している最中です。環境が整っていないところで、性急に民主化をさせようとするから、選挙での不正が当たり前になるのです。

選挙の公正や、選挙人名簿の作成は、各国の特色に合わせて工夫されているところもありますが、基本は戸籍を作ることができないと選挙人名簿も作ることができません。戸籍は住民の把握だけではなく、徴税の基礎単位にもなります。

ロシアの大統領選では、大川興業の大川豊《おおかわゆたか》総裁が投票していた場面が青年向け男性週刊誌に写真付きで掲載されたことがあります。戸籍どころか国籍が違うという話ですが、選挙人名簿がまともに作れないというのは、戸籍がいい加減ということでもあります。

後発の民主主義国で選挙制度の未発達なところでは、国際選挙監視団によって不正の監視が行われることがありますが、ロシアも二〇一二年の大統領選挙で国際選挙監視団が入りました。自国の選挙を自前で管理できないということです。

第四章　国体と政体の区別がない「人工国家」アメリカ

アメリカ大陸に渡った宗教原理主義の人々

国民国家というと、フランスと並んでアメリカの名前が出てくることがよく見られます。フランスはフランス革命、アメリカは独立宣言を取り上げて、国民国家形成の必須要件のように述べられているものもあります。

各国の通史を追うと、各国それぞれに国民意識が成立するきっかけや過程があり、その過程の一つが革命や独立宣言ですから、順番が逆です。しかも、その時点をもって国民国家として成立しているかといえば、国によってまちまちです。

アメリカの独立記念日は、毎年七月四日です。一七七六年七月四日の独立宣言をもって、一つの国家として成立したかのようですが、この日は大陸会議でアメリカ独立宣言を採択した日というだけです。

大陸会議は、アメリカ東海岸を中心に複数あった植民地域による植民地間の連絡会議です。当初の目的は、イギリス製品のボイコット連合でした。きっかけとなったのは、一七七三年のボストン茶会事件です。東インド会社によるアメリカの茶市場独占を保護する法律の成立を機に、ボストンに入港したイギリス船が植民地の人々に襲撃され、積荷が海に捨てられました。

本国は懲罰法を制定してボストン港を閉鎖し、積荷の弁償を現地議会に要求、軍を駐留させます。これに先立つ数年間、本国と現地議会の間には関税や租税をめぐって軋轢《あつれき》があり、ボストンでの事件を経て、抗議が先鋭化していきます。イギリスから見たこの動きは、本国議会の立法権に対する反逆です。

小著『嘘だらけの日米近現代史』（扶桑社、二〇一二年）では、アメリカを「ヨーロッパの落ちこぼれ」と書きました。近代化していくヨーロッパについて行けなくて、メイフラワー号でイギリスからアメリカ大陸に渡った宗教原理主義の人々だからです。近代化とは、具体的には「宗教を理由に殺し合いがやめられないことをやめよう」という、宗教戦争の教訓のことです。

アメリカ先住民（ネイティブ・アメリカン）に対しては、イギリス人がオーストラリアのタスマニア島でやったほどの完全さには及びませんが、ほぼエスニック・クレンジングをやりきり、WASP（White Anglo-Saxon Protestant）の土地としました。メイフラワー号でアメリカに渡った最初の人たちはWASPです。彼らのアイデンティティは、ヨーロッパのギリシア・ローマ以来の伝統です。ボストン茶会事件のときに、ボストン生まれの植民二世、サミュエル・アダムズに率いられた急進派の活動団体は、インディアンの仮装をして船を襲ったという話もありますが。

ちなみに、スペインの南米植民地だったアルゼンチンも、原住民は完全に殲滅《せんめつ》しているので白人の国です。

逆にポルトガルの植民地だったブラジルは、現地先住民族とも混血していきます。先住民族の中には絶滅してしまった部族もありますが、宣教師によって彼らの言語が体系化され、公用語として使われていた時期もあります。入植した日系人も一定の勢力を持っていますから、多彩なエスニックを含んだネーションです。ブラジルがユニークなのは、ポルトガル本国がナポレオンに攻められ、国王と王室が植民地に逃げて来た間に、本国のほうで革命が起こったことです。本国は立憲君主制になり、王様が帰国した後は、現地に残った王子が擁立されて独立、七十年近い帝政を経て共和革命を迎えています。

列強の植民地だった中南米の中では、ほかにも帝政を布こうとした国にメキシコがあります。スペインからの独立後、帝政が成立しては一年で倒れ、また成立しては三年で倒れ、大混乱でした。ブラジルはネーション・ステートとしての意識は強いと言えます。

アメリカの場合、大陸会議で独立宣言を採択したときには、十三の植民地がありました。採択当日には連絡が届いておらず、ニューヨークのように宣言を後日承認したところもあります。ちなみに、イギリス側の認識は「謀叛《むほん》」です。

独立宣言の前年、一七七五年四月には、ボストン郊外で現地民兵とイギリス正規軍の間で衝突が始まっています。大陸会議は植民地軍総司令官にジョージ・ワシントンを任命します。一七七七年十一月、後の連邦憲法の前身となる連合規約を採択しますが、各植民地議会で批准され発効するのは一七八一年三月です。三年以上もかかったのは、土地の帰属をめぐって揉めていたところがあったからです。

以上が独立宣言前後の概略ですが、わかりやすく現代にたとえれば、このころのアメリカ大陸植民地は、NATOとEUを結合したようなものでした。ジョージ・ワシントンがNATO総司令官兼EU議長です。大陸会議自体、運営資金は各植民地の現地政府がそれぞれ拠出して持ち寄っています。十三州のうちほとんどが成文憲法を持ち、統治機構を確立していました。私は、主要な国々の憲法観を比較した『右も左も誤解だらけの立憲主義』（徳間書店、二〇一七年）の中で、この時期のUSAを「合州国」と訳しました。

大陸会議は連合規約に基づいて、州連合の中心機関として独立戦争の中核となりますが、独立後も連邦憲法の起草は州ごとに制定会議を持ち、それぞれの案を持ち寄って話し合いが行われることになります。

アメリカの前史は国民国家ではなかった

前節で述べたところがアメリカ合衆国の前史の概要になりますが、ぜんぜん国民国家でもなんでもありません。今で言うEUみたいなものです。これが一つの国にまとまる神話を生んだのが南北戦争です。

一七八三年九月三日、アメリカはイギリスとパリ条約を結び、独立戦争が終わりました。この独立戦争がアメリカ人の戦いでも何でもなく、実はフランス史上稀《まれ》に見る名君ルイ十六世の戦争だったことは、小著『嘘だらけの日仏近現代史』（扶桑社、二〇一七年）でご確認ください。ルイ十六世は、共和制は大嫌いでしたが、アメリカの独立によってイギリスの勢力を削ることに成功します。

このときにイギリスが認めたアメリカの領土は、現在の地図をご覧いただければ、ごく狭い範囲だったことがわかります。北は五大湖、南はジョージア、西端はミシシッピ川です。およそ二十年前、七年戦争のパリ条約でイギリス、フランス、スペインの三国がアメリカ大陸の縄張りを決めたとき、イギリスが獲得した領域の一部です。現在のカナダと海洋島嶼《とうしょ》部分を除いて、陸地の大部分がアメリカに与えられます。

独立までは、本国が結んだ条約によって開拓範囲が縛られていましたが、ここから西部開拓時代が始まり、一八八〇年代まで続きました。フランスの縄張りを購入したり、一八四六年の米墨戦争に勝利し、西海岸のカリフォルニアを獲得したり、そこで金鉱脈を発見して盛り上がったりといった具合です。

西へ拡大しながら、基本的には北部が商工業資本、南部はプランテーション経営が経済の中心です。植民地としての歴史は南部のほうが長く、ピューリタンが入植した北東部との経済的・社会的摩擦が増えていきます。

一七八七年から始まる憲法制定会議では、南北の調整が図られました。バージニア州出身の植民二代目、ジェームズ・マディソンが起草したバージニア案が採用されます。マディソンは、プランテーション経営を行う家に生まれた人で、草案の内容は南部保守の考え方を反映していました。反対派を抑えて批准を実現するために書かれ、新聞に発表された評論をまとめたものが「ザ・フェデラリスト」です。

九つの州が批准したことをもって、一七八八年六月、連邦憲法が発効します。当初は前文と、中央と州政府の関係に関する七か条です。その後、一七九一年には修正十か条の追加がされました。この修正十か条が権利章典です。

一八三〇年代から、南北間で奴隷制をめぐる論争が批難の応酬になります。単に奴隷制が良いか悪いかの論争ではなく、これには開拓地の連邦編入の基準が関係していました。

開拓地の連邦編入は、連合会議によって一七八七年に手続きと要件が定められます。開拓民が住むようになったからといって、いきなり州にはなりません。まず連合会議から派遣された総督が治め、人口の増加に従って議会を設置し、十分に有権者が増え統治が行えるようになって初めて、独立当時の十三州と同等の権利を得る仕組みです。自治を行うに十分ではないと見なしている地域を準州といい、一部の権利が制限されています。

西部開拓が始まってしばらくは、オハイオ川（現在のオハイオ、ケンタッキー両州の州境）で南北に分け、ダブルスタンダードで漸次やっていきました。連邦編入に際して、北部は奴隷制禁止を要件にし、南部は奴隷禁止要件を除いて編入手続きに従います。奴隷を認めない北部を自由州、認める南部を奴隷州と呼びます。

一八〇三年、ミシシッピ川の西側からロッキー山脈までの土地をフランスから買います。ヨーロッパでの戦費が欲しいナポレオンが売り飛ばしました。この土地をどうするかについては、一八二〇年に南北で妥協が成立しています。ミズーリ準州が連邦に加入するときに、奴隷州としての加入を認める代わりに、購入地域の他の部分では、北緯三六度三〇分より北を奴隷制禁止地域としました。ミズーリ協定です。

ところが一八四八年、米墨戦争の勝利で最西部のカリフォルニアが一足飛びに手に入り、ゴールドラッシュで開拓民が殺到したことで、いきなり全土的な問題になったのです。人の殺到具合は、一八四九年の一年間で十万人に上りました。前出の州認定の要件とされている有権者数は「健全な成人男子六万人」です。

北部は奴隷という労働力を抜きに商売が成立しますが、南部にとって黒人奴隷はプランテーション経営に欠かせない財産ですから譲りません。では、鉱山開発に奴隷を使うのは是か否か。しかも、ミズーリ協定で決められた北緯三六度三〇分は、カリフォルニアのど真ん中を区切っています。

一八五〇年に南北妥協が成立し、カリフォルニアは自由州として連邦編入となりました。その代わりに逃亡奴隷法ができ、自由州に逃亡した奴隷の引き渡しなど、従来の奴隷所有主の財産保護が図られます。ちなみに、自由州となって以降の鉱山開発は、黒人奴隷に代わって中国人の苦力《クーリー》が安価な労働力となります。これもまた、開拓民の仕事を奪うとして問題が起こるのですが。十九世紀なかばごろは、奴隷貿易が次第に廃止されていった時期で、中国人労働者を使うのが主流になっていきました。現在の華僑《かきょう》と呼ばれる人々のご先祖様です。

カリフォルニア州が自由州になった後、ミズーリ協定の見直しが行われます。一八五四年、カンザス・ネブラスカ法が成立すると、新しく開放された準州では、奴隷制の可否を現地住民の投票で決めるという規定が盛り込まれました。ミズーリ協定は正式に破棄されるのですが、奴隷制反対と賛成の人々が移住者として新しい準州に乗り込み、抗争となります。一八五六年、カンザスでは両者が衝突する流血の事態を引き起こしました。

その後、一八五七年に出たドレッド・スコット事件の連邦最高裁判決では、国民を定義します。ドレッド・スコット事件は、南北での住み分けがなくなった象徴的な事件でした。州間の自由な往来ができる中、所有者と一緒に移動して自由州と奴隷州の双方に居住した奴隷が憲法上の地位を確認した訴訟です。連邦最高裁は、黒人奴隷による連邦裁判所への提訴は「国民ではないから門前払い」として、所有者の財産権を論点とした判断をしました。

リンカーン以降にUSAは「合州国」から「合衆国」へ

この一連の経過について、奴隷制に反対しながらも、対立の先鋭化を批判していたのがエイブラハム・リンカーンです。もともと奴隷制は嫌っていたリンカーンですが、議会が奴隷廃止の権限を持つのは当然ながら、廃止対象となる地域の人々の要請なくして行使されるべきではないという考え方です。一八三七年三月三日にイリノイ州議会に提出した抗議文の主旨で、リンカーンは奴隷制に対する自身の立場を表しているものだと自叙伝に書き残しています（『リンカーン演説集』所収「自叙伝」高木八尺・斎藤光訳、岩波文庫、二〇一五年、初版一九五七年）。

また、カンザス・ネブラスカ法の成立は、「立法ではなく暴力」として、ミズーリ協定の廃止が問題を深刻化させると友人に書き送り、ドレッド・スコット事件の判決については、「独立宣言の文言を歪曲《わいきょく》した」と演説しました。同時に、黒人に関しては「私のもっとも望んでいることは、白人と黒人との人種の分離であります」とも演説しています（前掲『リンカーン演説集』所収、「ジョシュア・スピードにあてた書簡」、「スプリングフィールドにおける演説」）。

それが良いか悪いかではなく、当時奴隷制に反対した北部の人々にしても、奴隷を財産として所有していた南部の人々にしても、アメリカの国民意識は「白人の国である」という排他性が出発点なのです。

一八六〇年、南北調和を訴えたリンカーンが、北部の支持を得て大統領となると、南部の七州が連邦を脱退。翌一八六一年二月、アメリカ南部連合を結成しました。憲法を作り、正副大統領を選出し、各州から選ばれた人士が内閣を組織する新国家です。アメリカ連合国を名乗り、フランスの承認を取り付けました。連邦瓦解の危機に、リンカーンは独立を認めません。一八六一年三月の大統領就任演説では、「連邦の発展を期した憲法は、州の脱退を前提として認めていない。それは革命である」という主旨で南部連合を批判し、連邦は一つの国であると訴えます（前掲『リンカーン演説集』一一六～一一七頁、一二五頁）。

四月に南北戦争が始まりました。南部連合には、さらに四つの州が加わります。

現在では、南北戦争はCivil War（内乱）であって、対等な国同士の戦争ではないとされていますが、これは南北戦争後になされた定義です。戦争当時、作戦的には海上封鎖、首都攻防戦、動員・兵站《へいたん》線としての鉄道と河川の確保、対ヨーロッパ（主に英仏）外交戦およびプロパガンダ戦が展開し、社会政策においては徴兵制が敷かれます。戦死した将兵は、南北合計で六十二万三千人と第二次世界大戦より多く、都市部の破壊が著しい総力戦でした。優勢になった北部（アメリカ合州国）は、南部（アメリカ連合国）の総力を抹殺しようと戦いを続けます。

フランスがいち早くアメリカ連合国を承認してしまったので、リンカーンはイギリスを味方につけようと考えます。そこで掲げた大義が「奴隷解放」です。あくまでも建前です。リンカーンの考えは一貫して、奴隷制そのものではなく、南北諸邦の対立を問題としているのです。一八六二年三月には、奴隷制を廃止した州には財政的支援によって補償するとまで勧告していますが、同じ年の八月には、ニューヨーク・トリビューンに寄せられた公開質問に、「この戦争における私の至上の目的は、連邦を救うことにあります。奴隷制度を救うことにも、亡ぼすことにもありません。もし奴隷は一人も自由にせずに連邦を救うことができるものならば、私はそうするでしょう。そしてもしすべての奴隷を自由にすることによって連邦が救えるならば、私はそうするでしょう。またもし一部の奴隷を自由にし、他はそのままにしておくことによって連邦が救えるものならば、そうもするでしょう。私が奴隷制度や黒人種についてすることは、これが連邦を救うに役立つと信じているためなのです」と答えています（前掲『リンカーン演説集』一六三頁）。連邦の統一こそが第一で、奴隷制など二の次なのです。

一八六五年四月、四年にわたる戦争は南部連合の降伏で終結し、アメリカ連合国は消滅します。ここからが神話の始まりなのですが、離脱した州を連邦に戻すため、ＥＵだったワシントン時代を「メイフラワー号で新大陸に渡って以来の一つの国である」と過去にさかのぼった歴史歪曲を始めたのです。当初から州に連邦を脱退できる主権はなかったということです。史実がどのように確認されようとも、最初からネーション・ステートである、というのが国史です。

これがフィクションであることは、アメリカ人も実はわかっているところがあります。九・一一テロに見舞われたときには、アメリカの各メディアは「アメリカ本土が攻撃されたのは真珠湾攻撃以来だ」としていました。南北戦争が終わるまでは、「国」ではなく「国家連合」だったことはわかっていて、建国神話の下でまとまっているのです。むしろ、「九・一一は一八一四年の英米戦争以来の本土攻撃で、ハワイの真珠湾攻撃は準州だから本土意識はそれほどではなかった」という内容が見られます。

リンカーン以降、USAは「合州国」から「合衆国」になります。リンカーンは初代合衆国大統領なのです。

「マニフェスト・デスティニー」という名の虐殺が国体

アメリカのネーション・ステート化は、アメリカ大陸の開拓と開拓地の併合による国土の拡大、アメリカ先住民族の殲滅・隔離とともに成立していきます。これを正当化するのが「マニフェスト・デスティニー」です。普通、「明白な天命」と訳されます。

ニューヨーク市のジャーナリスト、ジョン・オサリバンが『デモクラティック・レビュー』という雑誌に「Annexation（併合）」という論文を書き、その中で使われた言葉です。

このときに論争になっていたのは、メキシコがスペインから独立したときのテキサスの併合についてです。アメリカ人入植者によるテキサス革命を経て、共和国としてメキシコから独立し、アメリカに併合を求めるに至るのですが、当時、併合されれば奴隷州です。北部の反対もあり紆余《うよ》曲折の末、一八四五年、併合条約の締結によって連邦に編入されました。

オサリバンは論文の中で、「増え続ける人々の自由な発展のために、与えられた大陸を広げるという明白な天意の達成」という表現を使っています。開拓者たちは、神の与えた大陸で使命を果たす人々といったところでしょうか。

現在でも移民国家や人種のるつぼと言われるアメリカですが、当時もイギリス、フランスのほか、独立後は東欧や南欧からの開拓移民が多く入っていました。百科事典でWASPの項を見ると、一七九〇年に第一回国勢調査が行われ、当時の全人口の約八〇％が白人であり、そのうちの六〇％がイギリス系だったとして、政治や経済、その他社会的な事柄について主導権を持つのが当然の勢力だったような書き方をしています。純粋に数だけで言えば、白人の中では過半数ですが、全人口の八割の六割ですから、全体の半数以下です。彼らは先住民を排除すると同時に、後から入って来る移民に対しても、社会的地位を上げるための要件として、生活様式の同化を求めます。

国民国家の要素として重要な、共通した社会認識や慣習を明確に持っていたのは、メイフラワー号でアメリカ大陸に渡った人々を中心に形成された集団だと考えても、白人の中でも六割しかいないのです。

そこで、各地の開拓者の代表が話し合って決めた憲法が中心になりました。憲法前文では、正義と自由と共同防衛を謳《うた》います。その国のあり方を国体といいますが、アメリカの国体は憲法です。アメリカ憲法の重要性は、みんなで話し合って国政の方針を決め、みんなの代表者、総責任者である大統領を選び出すことにあります。これを日本のような国では政体（政治体制）と言います。アメリカは国体と政体の区別がない国なのです。

第二次世界大戦で日本が敗戦すると、ＧＨＱは日本国憲法を作らせますが、そのときにアメリカ憲法こそが民主主義なのだとこだわり、主権が国民にあると書かせることを徹底したのはこのためです。

アメリカ独立宣言と合衆国憲法のほか、これらの背景となる書物も国体の一部です。いくつか挙げると、トマス・ペインが独立を訴えた『コモン・センス』は、フィラデルフィアで刊行されたパンフレットです。当時イギリス王室を慕う一般の人々に対して、世襲君主制の本国から独立するのは「常識である」と説得する内容です。三か月で十二万冊売れたといいます。独立宣言を起草したトーマス・ジェファーソンの『ブリテン領アメリカの諸権利の概観』は、独立革命の理論を書いたもの、ジェームズ・マディソンの『ザ・フェデラリスト』は前節で簡単に紹介したとおり、合衆国憲法案を擁護する評論集です。

選挙のない連邦最高裁が最強権力という欠陥法

アメリカ憲法は、修正されると何でも条文に書き込んでいくのが特徴ですが、運用においては、イギリスの法文化を引き継いでいます。

アメリカがまじめに三権分立をやっているという話は、これまでもいろいろな書籍で述べて来ましたが、選挙で選ばれていない連邦最高裁が最強の権力を持ってしまう欠陥制度です。詳しくはアメリカとイギリスの比較をした『右も左も誤解だらけの立憲主義』（徳間書店、二〇一七年）や、日本の制度と比較した『総理の実力 官僚の支配』（TAC、二〇一五年）をご参照ください。

要点をかいつまむと、アメリカ大統領の仕事は戦争だけです。一般に三権分立の要諦《ようてい》は、司法・立法・行政の権力均衡や相互抑制と説明されますが、アメリカの場合、行政トップの大統領よりも立法の議会が強く、議会よりも司法が強い仕組みになっています。大統領の司法への影響力行使は連邦最高裁判事の任命で、これは最高裁判事が終身任期なので、大統領一代の任期中に行使できるとは限りません。しかも、任命には上院の承認が必要です。

司法は議会と大統領双方に違憲審査権を行使できます。ごく最近の話では、二〇一七年六月、トランプ大統領による移民制限の執行にストップをかけ、執行に条件をつけました。民主主義で決まったことを司法が覆すことができてしまう例です。行政と立法がやったことが「おかしい」となれば、何でも裁判所に持ち込まれますが、裁判所は判例によって判断します。ここで参照されるのは、イギリスの不文法です。

日本人の国体に対する感覚は最後の章で述べますが、一言でまとめれば「歴史に基づいている事実の積み重ねとして当たり前に存在するもの」になるのですが、アメリカの場合はイギリス本国のエクイティ（equity）が国体になるのです。憲法に基づく政体が国体であり、その国体のあり方を最終的に判断するのが最高裁だからです。

もう一つ不文法の例で言えば、大統領の非常時権限があります。マーシャル・ロー（軍事戒厳）です。イギリスのコモン・ロー（判例）に対するマーシャル・ロー（非常法）の考え方を引き継いで、アメリカの憲法でも条文で制度化していません。あくまでも一部の条文を例外的に一時停止し、停止すること自体は違法であるとして、その違法性を議会での免責によってのみ合法化するという考え方です。

さらに、一七七七年に大陸会議で採択された星条旗が重要です。独立を宣言したときの十三州を表す十三の星と十三の紅白縞から始まり、連邦に編入される州の数が増えるにつれて、星の数が増えていきます。一時期は星とストライプの数が十五になりましたが、現在は星の数だけ増やしています。ストライプの数は原加盟州を表す十三のままで、Old Gloryとも呼ばれます。ただし、州同士は対等です。人口の違いによって、下院議員の数は変わりますが、それ以外はアラスカだろうとニューヨークだろうと対等です。

先に紹介した、ジョン・オサリバンの「Annexation」でも、テキサスが併合されることで、星条旗の星と縞の一つになることを祝福する言葉が連ねられ、「これで彼らはただの地図上の土地ではなく、神聖な仲間となった」としています。

一八一二年、アメリカによる英領カナダへの侵略で始まる一八一二戦争（第二次英米戦争）では、国歌が生まれます。

英米戦争はヨーロッパで英仏が戦っていたナポレオン戦争の植民地戦線です。イギリスとアメリカの対立要素は、イギリスによる海上封鎖での貿易の阻害と、イギリスがネイティブ・アメリカンの支援を行っていたことによる開拓の阻害です。対英主戦論の声が大きくなり宣戦布告、カナダ国境で戦局が揉み合ううちに、本国の戦線ではナポレオンが負けます。イギリスが植民地戦線に集中すると、アメリカは返り討ちに遭います。大英帝国海軍は東部海岸を完全封鎖し、圧倒的な兵力でワシントンを占領、アメリカは大統領官邸を焼き討ちされました。この焼けた建物に白いペンキを塗ったことがホワイトハウスの名前の由来です。

さらに軍を進めるため、大英帝国海軍はボルチモアで艦砲射撃を行います。このときに、アメリカ側の弁護士が捕虜交換交渉のためイギリスの艦艇に乗っており、攻撃の間艦艇に拘留されていました。激しい艦砲射撃の中で一夜が明け、ボルチモアの砦《とりで》にひるがえる星条旗を目にした感動を書いたのが、国歌「The Star-Spangled Banner」です。

プロパガンダを流した張本人が信じ込むお国柄

一八一二年戦争は、イギリス優勢のまま休戦協定を結ぶことになり、ガン条約が結ばれます。この後にアンドリュー・ジャクソン将軍がニュー・オーリンズの戦いでイギリス軍に勝ち、国民的英雄になります。通信に時間のかかる時代、休戦協定締結が伝わっていなかったのはともかく、このときにネイティブ・アメリカンの土地を奪ったことや、後に逃亡奴隷を受け入れたスペイン領フロリダで、現地先住民族のセミノール人を討伐したことが評価され、圧倒的な南部の支持を受けて第七代大統領になった人です。

アメリカ人は、ニュー・オーリンズでの勝利を大々的に宣伝し、イギリスにタコ殴りにされて失っていた自信を取り戻します。そうなると、勝ったことがすべてになり、ボコボコにされた記憶はどこかへ行ってしまい、自分たちで流したプロパガンダを流した本人が信じ込むということが起こるのです。

星条旗は自由と独立、誇り、勝利の象徴で、それらは神意が裏付けているという自己催眠が国民意識（nationhood）になっているのです。南北戦争の後の建国神話が真実とされたのも同様です。

なお、「アメリカ大陸とヨーロッパ大陸間の相互不干渉」で知られる第五代大統領、ジェームズ・モンローが宣言したモンロー・ドクトリンも、後で意味が変わっています。

一八二三年十二月二日、モンロー大統領が教書で宣言したもので、相互不干渉を掲げたのはそのとおりなのですが、これはヨーロッパの事情に左右されたものです。このころのヨーロッパは、ナポレオン戦争後に海洋覇権を握った大英帝国と、植民地での大英帝国の権益拡大を嫌うフランスほか各国が外交戦を展開していました。スペインの植民地だったメキシコが独立したものの、ラテン・アメリカに対する勢力を維持しようとする中で、イギリスがモンロー大統領を焚《た》き付けて「寄るな、触るな」と宣言させたものです。

当時のアメリカはロクな軍備がありませんから、これでスペインが戦争を仕掛けてきたら、単独で勝てるわけもないころです。大英帝国に駒《こま》にされたと言えばそれまでですが、これを「アメリカ大陸の独立を守った」という国史の一つにしてしまうのも、自己催眠効果というものでしょうか。

敵と味方を間違える天才だというのも、自分が流したプロパガンダを自分が信じ込むという国民性によります。実際の史実に基づく歴史教育をすると、「侵略者の子孫は盗んだものを返せ」という諍《いさか》いのもとにしかなりませんから、正当化するよりほかありません。その正当化を真実として信じ込むところに、アメリカの強さがあります。

ここまでをまとめると、国体と国民意識の成立をもって、エンパイアの結集原理を持つようになったと言えます。国民国家のように見えて、一定の生活様式、宗教的な考え方の下に他ネーションを従えていく形です。

エンパイアからネーション・ステートへの転機

エンパイアのアメリカが決定的に変わるのは、第三十五代大統領、ジョン・F・ケネディと、リンドン・ジョンソン副大統領の政権ができたときです。

アメリカについて「民主主義国で人権が尊重された国。黒人以外は」と言われますが、正しくは「民主主義国で人権が尊重された国。白人だけは」です。もっと正確に言うと、白人でもイタリアンやヒスパニックは差別対象です。差別といっても、白人としての平等の範囲内での階級という意味なので、黒人をはじめ有色人種よりはマシなだけです。白人は異なる人種であっても、「アメリカの中の○○人」というエスニックとして、ネーション・ステート化の比較的早い時期には認められていたと言えます。

イタリアンはイタリア系移民、ヒスパニックはスペイン語系アメリカ人のことです。中南米からの移民とその子孫で、宗教はカトリックです。現在は不法移民が問題になっていますが、二〇〇〇年代には人口に占める黒人の割合を上回りました。

ちなみにプロレスは、そういった被差別階級のストレス発散のためのショーです。イタリア系移民のブルーノ・サンマルチノが大スターになったりします。アメリカのプロレスは、その時々の世情や世論を映していて、戦争があるとイラン系やイラク人、日系人が悪役として登場します。

逆に、上流階級はプロレスなど見ません。WASPがトランプ大統領を白眼視するのは、「成り上がり者」を見る目線です。成り上がり者が、自分も成り上がったことを忘れて貴族以上に貴族的に振る舞うのは、アメリカでもアフリカでも同じです。ヨーロッパへの留学を経験した人などは、貴族でもないのに、なぜか本国に戻って貴族のような顔をするのだとか。

白人とその他で決定的な階級差があるアメリカ社会で、ケネディはその階級差を突き破った大統領です。

ケネディは一八四〇年代に移住したアイルランド系移民の子孫です。父親がイギリス大使を務めました。しかも、カトリック系です。建国以来、カトリック系の大統領が出るまで二百年かかりました。これが白人内部の階級による壁です。

ケネディは、民主党の組織よりも一族の個人的財産を活用し、アイルランド系移民を中心としたリベラルなインテリ層を支持基盤としました。

アメリカは、共和党と民主党の二大政党制です。一般的な傾向として民主党の対外政策は関係国にとって非常に迷惑です。ベトナム戦争の例がありますが、民主党が戦争を起こし、共和党が収拾すると言われるくらいです。

一方の共和党が政権の座に就くと、国際社会は付き合いやすいのですが、アメリカ人は大迷惑します。内政が民主党の外交ぐらいひどいからです。アメリカ人にとっては、外で何をやってもいいから、内側で無茶苦茶をやるのはやめてほしいというのが本音です。それで二大政党が交代していくのがアメリカです。中には、「アメリカ封じ込め政策」と呼ばれて、内政も外交もひどいオバマ大統領の例もありますが。

ケネディが英雄なのは、国内の差別解消に積極的に取り組んだからです。暗殺されるまでの三年間で、大きな成果は残せなかったと言われますが、黒人公民権運動は、アメリカを国民国家に近づけることでもあります。決定的な階級差は、国民国家の成立を阻害します。アメリカの場合は、白人とその他の間にある階級差です。

ケネディ大統領以降、アメリカにおいて黒人は、ようやく「アメリカの中の○○人」というエスニックとしての地位を得ました。アメリカで暮らす有色人種の中で、最も遅かったのではないでしょうか。

日本はなれても「五十三番目の州」

現代ではポリティカル・コレクトネスという「政治的正しさ」が、かえって逆差別を呼んでいます。黒人というだけで管理職になれるとか、ドラマやアニメなどのフィクションでも、ある集団を描く場合には、必ず白人以外の人種も含んで構成されなければならないという、ある種不自然な社会団体の姿が描かれます。特に知識人と思われる役には、必ずといって良いほど黒人がキャスティングされる、勇敢な役はアジア人に配役する、有色人種を犯罪者として描かないなど、かえってどのドラマを見ても似たような配役になるという現象も見られます。

最近は言葉の問題もあります。スペイン語圏がアメリカ国内で増殖してしまい、国語としての英語（米語）も危ないくらいになっています。スペイン語自体が世界中で英語の次に多く使われている言語ですが、簡単なのでどんどん増えていきます。国内にヒスパニック系の有権者が増えてスペイン語を話すので、大統領選にも影響しています。ジョージ・

ブッシュ（息子）が大統領選に勝ったのは、スペイン語で演説できたからとも言われています。

人種だけでなく女性に対しても同様の配慮があり、黒人であることや女性であることが、特定の地位や職業に就くための資格の一つになってしまうのも極端です。行き過ぎた挙句、トイレや更衣室といった生理的な事柄であっても、あらゆる性差を無視するか、隔離するかの両極端に振り回されています。特に教育現場では、女性と男性では学習に適した方法が異なるという理屈から、「男女平等のため」逆に男女別学を実施していたりします。

日本には中庸《ちゅうよう》という言葉があり、英語にもmoderationという言葉があるようですが、ちょうどよいところで妥協させるのは大変です。極端に走れば、かえってそれぞれの民族的な文化の破壊になり、破壊はピルグリム・ファーザーズとその子孫が継いできたヨーロッパの伝統的な生活様式や文化にも及びます。

最近あった話では、南北戦争で南軍総司令官として戦った、ロバート・E・リー将軍の銅像の撤去を巡って、賛成派と反対派が衝突し、死傷者が出るという事件になりました。これ以降、公有地にある南軍関連の像を撤去したり、歴史的な銅像などメモリアルの扱いに対する意見公募を行っている市が出てきたりしているのです。

なまじ長い歴史のある事柄は、揉め方が大きくなりがちです。最後には「どのような国家であるのか」という国家観や、実際に起こった史実のすべてを否定することになりかねないのです。

アメリカは人工国家であるとよく言われます。史実として確認できないくらい古い時代の建国神話の代わりに神の意思を掲げ、史実に後から意味付けをするので、今起こっていることも、後から意味が変わるかもしれません。

国土はこれからも広がる可能性はあります。アメリカ合衆国への忠誠を徹底したと認められれば、州になれるからです。まず海外領（テリトリー）になり、一定の要件を満たす準州になり、さらに合衆国の一員としての忠誠を誓って州になる。先に述べてきたとおり、この手続き自体も、アメリカの国体の一部です。

日本はアメリカの五十一番目の州にしてもらって、大統領を出そうなどと言う人がいますが、アメリカの歴史と国体をわかっていません。

よほどアメリカの国民意識となっている神意の達成に、どうしても貢献したいのでしょうか。

あえて言うなら、カナダとサウジアラビアが先で、日本は五十三番目でしょう。

第五章 「民族主義」のヒトラーに破壊された国民国家ドイツ

辺境の蛮族から神聖ローマ帝国へ

国民国家は歴史を共有することによって成立します。では、現在のドイツ連邦共和国の起源はどこまで求められるでしょうか。

ドイツ人の先祖といわれるゲルマン人が歴史に登場するのは、ローマ時代です。辺境の蛮族と言われるゲルマン人が、西ローマ帝国を滅ぼしてフランク王国を築きます。フランク王国はフランスでシャルルマーニュと紹介したカロリング朝・カール大帝の三人の孫に相続されるときに、西フランク王国、中央フランク王国、東フランク王国に分かれます。この中の東フランク王国がドイツの始まりであると言われます。

東フランク王国になってから、カロリング朝の王族や姻戚関係のある貴族に国が分けられます。その地域にいた部族あるいは民族的なつながりというよりも、行政単位に近いものでした。その後、九一一年に東フランク国王を世襲するカロリング朝の血筋が絶えると、血筋に頼らず、分国を受けた有力者（選帝侯と呼ばれる）によって選出する方法をとるようになりました。

九六二年にオットー一世が、ローマ教皇からローマ皇帝の戴冠を受けて以降の東フランク王国は「神聖ローマ帝国」と呼ばれます。フランク王国が分かれる前にカール大帝が受けた位は、この後、継続して東フランク国王が継承しますが、皇帝の地位はキリスト教会（教皇）に依存し、国王の地位は選帝侯の合意に依存するため、皇帝・国王の地位は強いものではありませんでした。オットー大帝以後、二九〇年は世襲王朝が続きますが、再び血筋が絶えると、国王も皇帝も選出できない「大空位時代」が生じます。一二七三年にローマ教皇がハプスブルク家のルードルフを国王に選んで落ち着きますが、このころからドイツは皇帝の国でありながら、選帝侯と呼ばれる複数の有力諸侯の国としての性格が強くなっていきます。

その後、一四三八年のアルブレヒト二世以降、オーストリア大公であるハプスブルク家

フランク王国の三分割

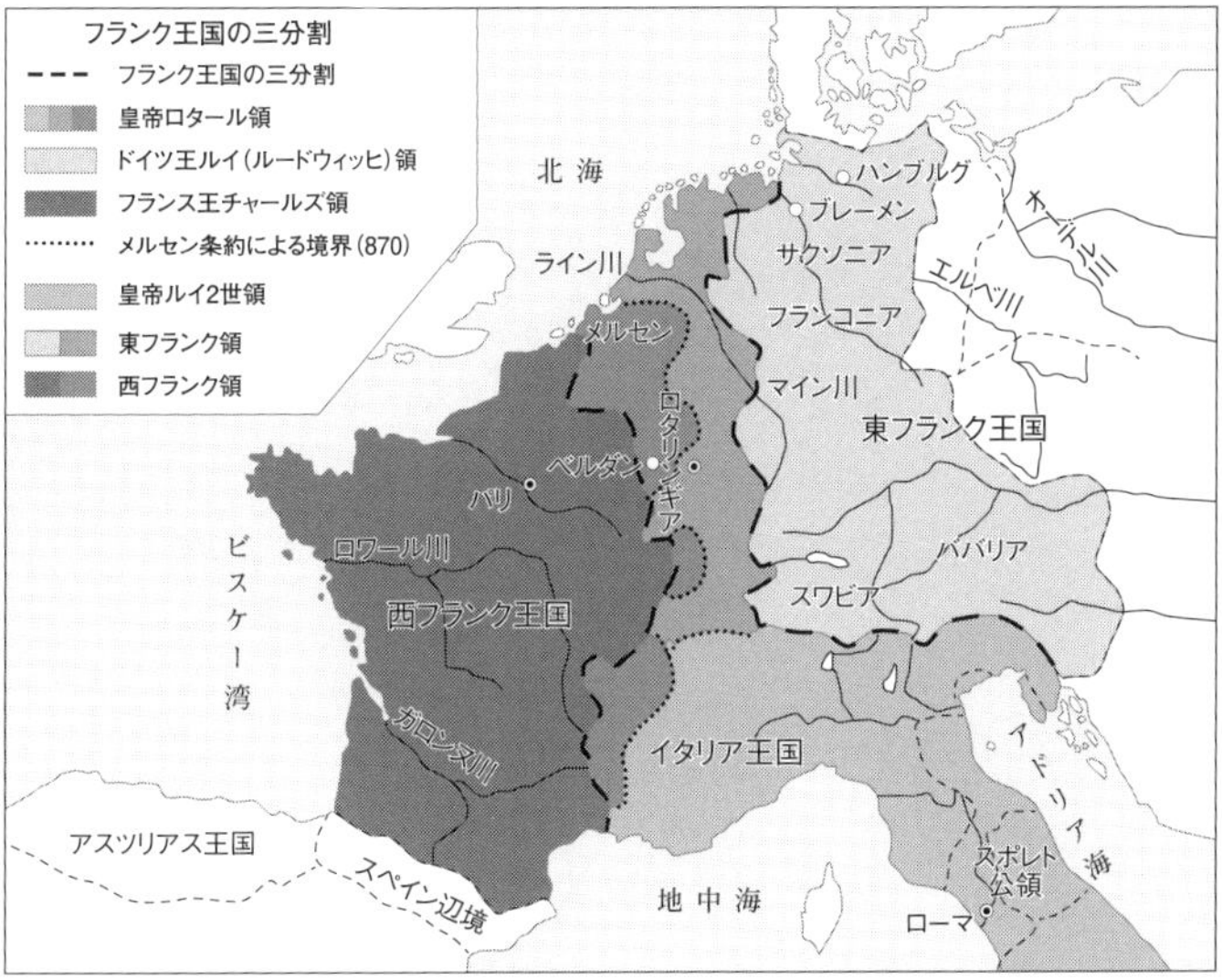

（須郷登世治『独英日対訳ドイツ憲法の解説』1991年、中央大学出版部　p4）

が帝位を独占するようになりました。その意味で、ここからの神聖ローマ帝国というのは、オーストリア＝ハプスブルク家の歴史となります。その後、神聖ローマ帝国は弟のフェルディナントが継承し、スペインのハプスブルク家は息子のフェリペが継いで二系統に分かれます。図2を見ていただくとわかるように、ハプスブルク家はフランスを挟むように勢力圏を広げているので、双頭の鷲《わし》と言われます。ハプスブルク家の紋章のモチーフに双頭の鷲が使われるのは、これに由来します。オーストリア＝ハプスブルク家は、一五一九年にカール五世が神聖ローマ皇帝とスペイン王の二つの地位を手に入れたときに絶頂期を迎えます。

一六一八年、カトリックのハプスブルク家がルター派のプロテスタントを弾圧したことを端緒に三十年戦争が始まります。この戦いは欧州全土に拡大し、ドイツ全土が戦場となりました。戦争は一六四八年に終結し、その講和条約であるウェストファリア条約が結ばれます。その要点はローマ教皇からの独立、神聖ローマ帝国からの独立、主権国家の並立であり、「帝国の死亡診断書」と言われます。この三十年戦争を含む十七世紀から十八世紀は、ハプスブルク家受難の時代となります。

このころ、帝国内には、皇帝と国王を世襲しているハプスブルク家のオーストリア帝国や、バイエルンのような大きな領邦のほかに、中小規模で三百を超える領邦がありました。その一つが今も残るリヒテンシュタイン公国です。スイスとオーストリアに挟まれた、領土面積一六〇平方キロメートルの国です。東京都八王子市の面積一八六平方キロメートルより少し小さい、日本でも地方自治体サイズであるにもかかわらず、ウェストファリア条約はリヒテンシュタインのような小さい領邦にも「主権国家」として大国と同等の地位を認めました。このことは領邦の君主の力を強化すること、すなわち地方分権の強化であり、エンパイア帝国内での拒否権を認めることでした。「神聖ローマ帝国」は残りましたが、エンパイア

ハプスブルグ家

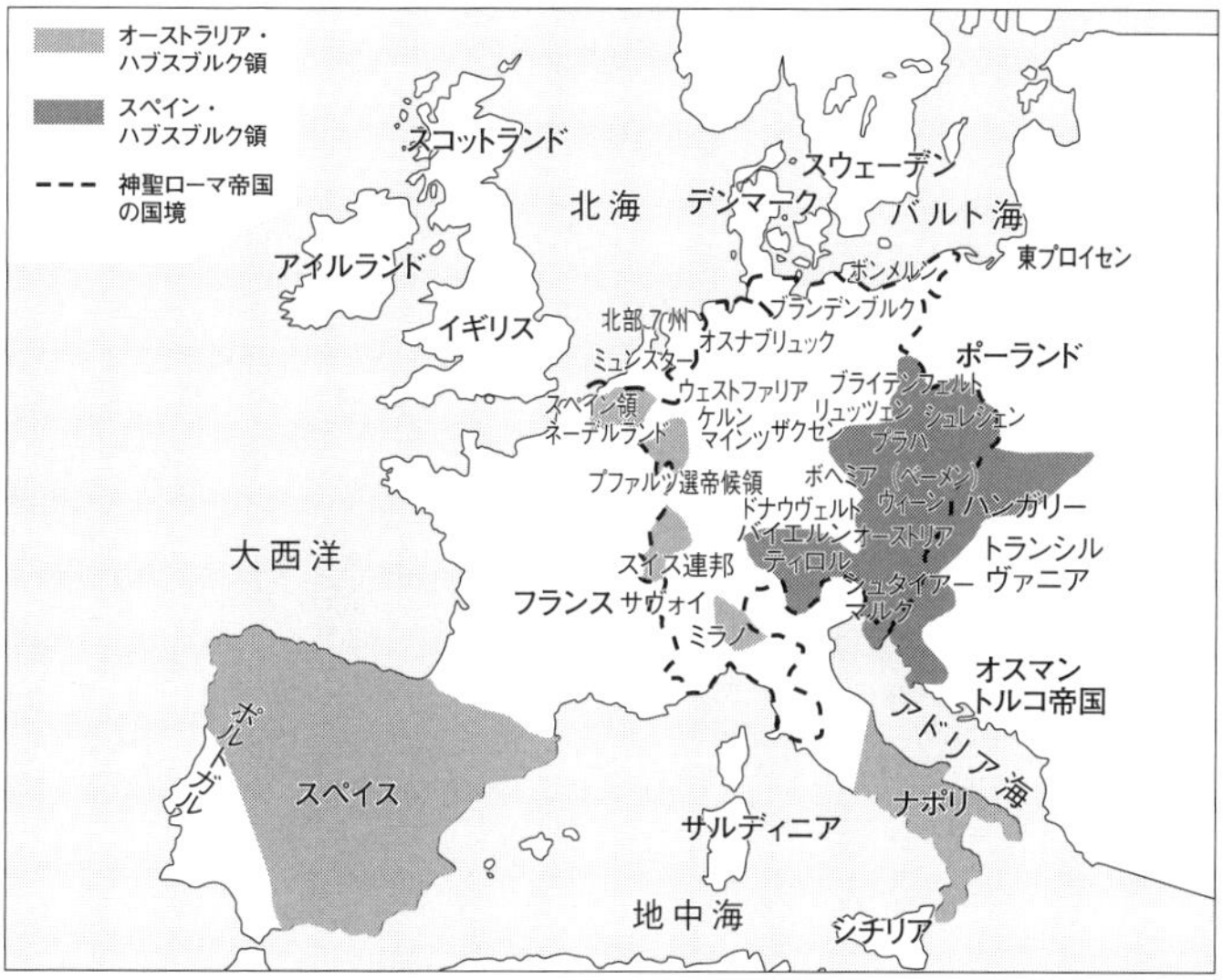

（菊池良生『図説神聖ローマ帝国』2009年、河出書房新社　p55）

としての力というのは以前に増して名ばかりに近くなりました。

「上から」と「下から」、統一国家への希求

ドイツ地方では三十年戦争後の復興が他に比べて特段に遅れます。オスマントルコやフランスの侵攻が一六九〇年代まで続いたうえ、戦争による人口の減少・流出、物理的な都市の荒廃、疫病の蔓延《まんえん》に加え、経済の中心が地中海から大西洋に移ってしまったことも打撃となりました。こうした事態に神聖ローマ帝国としては何もできなかったに等しく、実質的な復興を担ったのは領邦の君主

たち個々の内政でした。三十年戦争が終わったときはポーランドを隔てた飛び地の小国に過ぎなかったプロイセン王国は、この時期から富国強兵政策を始め、軍事大国化して台頭します。

一七九三年、革命後のフランスに対する干渉戦争にプロイセンも参戦します。当初は、ヨーロッパ諸国とフランス革命政府との攻防だったのが、いつの間にかヨーロッパ支配を目指すナポレオンとの戦いになり、プロイセン以外のドイツもナポレオンの占領下に置かれます。一八〇六年には、西南ドイツの領邦諸国が神聖ローマ帝国から離脱し、ライン同盟を結成してフランス皇帝ナポレオンの保護下に入ったため、ここで神聖ローマ帝国は崩壊します。

ライン同盟の中心となったバイエルン、バーデンなどは、ナポレオンによって百十二もあった領邦が四十に整理統合された結果、新たに得た領地を取りまとめながら自国を再建するという問題に直面します。プロイセンはハノーファーの支配をめぐる戦いに負けて、領土の半分を取り上げられます。さらにフランスに多額の賠償金を支払わなければならなくなり、国としての存亡の危機に立たされます。領邦国の集合体ではなく「国家」が必要であるという認識は、このような危機に直面した領邦の君主や、それを支える貴族から起こっていきます。いわば「上から」の改革でした。

演説するフィヒテ

（Arthur Kampf画、1913/14。ベルリン大学講堂に掲げられていたが第二次大戦で破壊）

一八〇七年十二月から翌年三月にかけて、フランス軍占領下のベルリン・アカデミーで哲学者のヨハン・ゴードリッヒ・フィヒテが『ドイツ国民に告ぐ』（原題『Die Reden an die deutsche Nation』）という有名な演説を行います。ちなみに、邦題の「ドイツ国民」というのは、この時点ではまだ「ドイツ国」が成立していないことを考えれば正確ではありません。正確に訳せば、「ドイツ民族に告ぐ」でしょう。いかに日本人が民族問題に無頓着《むとんちゃく》かわかるでしょう。日本人が「記紀万葉」で国史や国語を記していたころ、「国民」など大前提でしたから無頓着になるのですが。

この中でフィヒテはドイツ語を話す人々がドイツ人であると述べていますが、実はプロイセンでさえも純粋なドイツ語を話すドイツ人だけの国ではありませんでした。ここで大事なのは、フィヒテのような知識人が「愛国心」や「国民意識」を喚起していたということです。

一八一二年にナポレオンがロシア遠征に失敗すると、プロイセンはロシア、スウェーデン、イギリス、オーストリア、ライン同盟を解消して合流したバイエルンなどの領邦諸国と組織した同盟軍で戦いを挑みます。一八一三年十月のライプツィヒの戦いで勝利した諸国は、フランスに占領地を放棄させました。一八一五年には、オーストリアのメッテルニヒの主導でウィーン会議が開かれ、オーストリアを盟主とするドイツ連邦が成立します。しかし、これもまた統一国家ではなく、国家連合の域を出るものにはなりませんでした。

メッテルニヒが考えたのは、パワー・オブ・バランスによる平和であって、ドイツ連邦の中で自国も含めたどこかが一強になることを望みませんでした。

いつまでも国家統一に進まないことに疑問の声を上げたのは、一般大衆でした。一八一九年にメッテルニヒはブルシェンシャフトという学生組織を弾圧していますが、同じ年にバイエルン、バーデンなどの領邦国レベルでは憲法の発布と議会の開設が行われ、市民の政治参加を認めていました。プロイセンでも都市条例による市民の政治参加が始まっていました。ただし、このままでは、ドイツ連邦を統一するどころか崩壊につながります。

ドイツ連邦

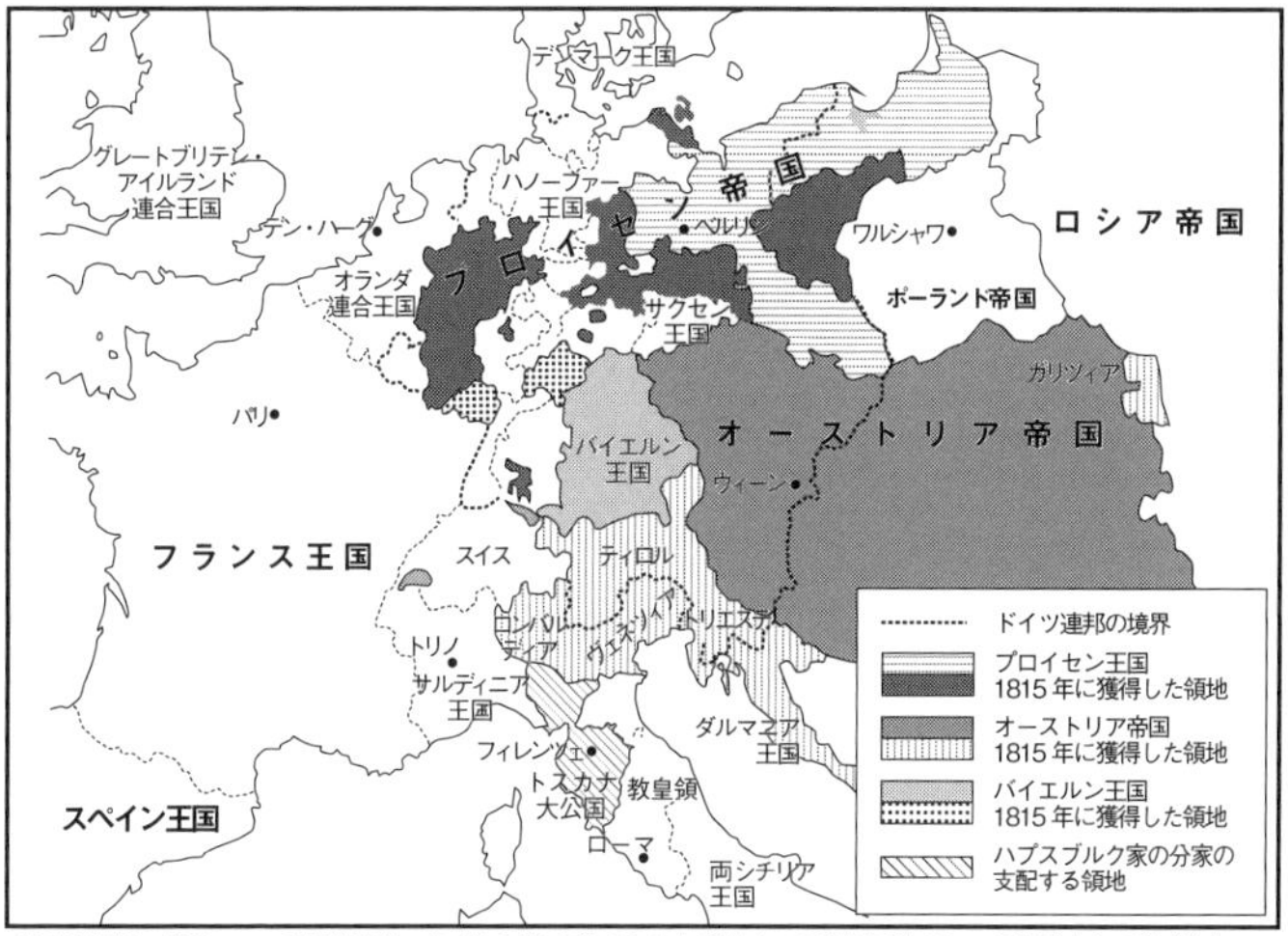

ドイツ連邦　神聖ローマ帝国崩壊後、ライン同盟を経てふたたびドイツの諸邦国はひとつの領域として編成された。しかし、プロイセン王国やオーストリア帝国の東部は連邦に属しておらず、一方でデンマーク王やイギリス王が君主を兼ねている邦国も存在していた

（石田勇治『図説ドイツの歴史』2007年、河出書房新社 p27）

一八四八年、フランスで起きた二月革命の影響を受け、ドイツで三月革命が起こります。ちなみに、このとき、プロイセンでカール・マルクスが武装蜂起を先導しています。ビスマルクは共産主義を弾圧し、在任中はマルクスをプロイセン市民と認めさせることはありませんでした。マルクスはイギリスに亡命し、ロシアの共産主義者らとともにインターナショナルを組織するに至ります。

改革が遅れていた農民が、領主からの解放と改革を求める一揆《いっき》の広がりも手伝って、大衆運動が一気に広がっていきました。メッテルニヒが失脚したオーストリア、続いてプロイセンでも議会開設と、憲法制定の準備が始まると、同時に、全ドイツのための憲法制定に向けて「憲法制定ドイツ国民議会」が作られます。憲法とは、国家の経営書です。そこで、ドイツという国を定義していくことになったとき、まずどこからどこまでをドイツとするのかについて、二つの意見が対立します。

一つは、前述したフィヒテの主張に賛同した民族主義者の主流となった「大ドイツ主義」です。しかし、ドイツ語を話すドイツ民族の統一なら当然オーストリアも含めるべきだとしながらも、オーストリアはハンガリーやチェコなどの異民族地域を抱える多民族国家です。ドイツ語を話すオーストリアはドイツでも、ドイツ語を話さない異民族地域まで含めたくないと考えました。

もう一つは、オーストリアを除くプロイセンを中心とした「小ドイツ主義」です。ただし、こちらを取ると、プロテスタント国であるプロイセンが中心なので、カトリック国のバイエルンが反対します。

この大ドイツ主義をめぐって、オーストリアでは反革命の動きが現れました。オーストリア領内のイタリア人、ハンガリーのマジャール人、チェコ人が民族運動を起こします。民衆蜂起そのものは武力鎮圧できたものの、ここでオーストリアが下した決断は、国の一体性を堅持するという決断でした。オーストリアが国を割れない以上、大ドイツ主義ではまとまれません。一八四九年三月、憲法制定ドイツ国民議会は、小ドイツ主義の立場をとり、オーストリアを除くドイツ語圏の諸国でドイツ帝国憲法を成立させることを議決します。

しかし、プロイセン国王フリードリヒ・ヴィルヘルム四世は、この憲法に基づく帝位に就くことを拒否し、プロイセンを含む他の主要国も示し合わせて憲法を承認しませんでした。一般大衆主導で進んだ「下から」の革命は、ここで頓挫《とんざ》してしまいます。

その後、一八六二年、プロイセンの首相にビスマルクが就任します。ビスマルクは「鉄と血によって」で知られる鉄血演説を行ったことから、鉄血宰相とあだ名されます。鉄と血とは、軍事力のことです。国境は軍事力、すなわち戦争で決めていくべきだというのが鉄血演説でした。

プロイセンは一七〇〇年から富国強兵で力をつけ、七十年に満たない歳月で新興国からドイツ帝国を牽引《けんいん》するまでになりました。そのプロイセン国内でも、この演説に対する反発は強く、ビスマルクは政局運営に苦しみます。

流れが変わったのは一八六四年のデンマーク戦争（シュレースヴィヒ＝ホルシュタイン戦争）でした。プロイセンはこの戦いに勝利して、住民のほとんどがドイツ系であったシュレースヴィヒ公国とホルシュタイン公国をデンマークから奪い取ります。ドイツ連邦からデンマークを叩き出したも同然でした。一八六六年には、普墺戦争でオーストリアに勝利して、オーストリアを含む他の領邦に対しても、プロイセンがドイツの指導的役割を果たす地位を納得させました。さらに一八七〇年の普仏戦争の勝利でフランスを黙らせます。同じ年の秋には宗教で対立していたバイエルンなど南ドイツ諸邦との統一ドイツ結成交渉を進め、プロイセンを中心とする小ドイツ主義によるドイツ帝国を成立の同意を取り付けました。

ネーション・ステートとしてのドイツ帝国の誕生

一八七一年一月、フランスのヴェルサイユ宮殿鏡の間でドイツ帝国創設式典が行われました。敵地フランスでドイツの統一式典をするなど、嫌がらせ以外の何ものでもありません。

確かに「ドイツ」の統一が完成したかに見えますが、フィヒテが熱弁したような「ドイツ語を話すのがドイツ人」というくくりで一つの国家になったわけではありません。オーストリア帝国が入らなかったことで、オーストリア帝国のドイツ人は外に取り残されました。四十から二十五に整理された王様のいる邦国からなる連邦制国家で、それぞれの内政の自主権も残されました。このドイツ帝国というのは、ビスマルク＝プロイセン王国の拡張にすぎないとも言われます。

国家統一後、ビスマルクの帝国宰相在任期間は平和な時代となりました。普仏戦争を最後に、ビスマルクはその後一回も戦争をしていません。ただ、「もう二度と戦争しません」という姿勢を示しながら、準備は怠りません。イギリスのディズレーリが植民地獲得に積極的な拡張政策をまくし立てても、ビスマルクは植民地政策には消極的でした。ビスマルクが人道主義者だったからではありません。植民地経営が儲《もう》からないことをわかっている経済人だったからです。

同時期の大日本帝国が、大久保利通《としみち》や伊藤博文《ひろぶみ》がビスマルクのドイツを模範とした理由は、帝国としての強さもありますが、ビスマルクのドイツが実質的なネーション・ステートだったからです。ドイツが領邦国家の集まりであったとしても、プロイセン人でもザクセン人でもバイエルン人でもなくドイツ人としてあることは、薩摩人でも長州人でも会津人でもなく、日本人であるということと同じです。

日本近代史の先生は、国民国家を悪く言うくせに、ビスマルクを悪く言うことはありません。なぜなら、ビスマルクのことをぜんぜん知らないからです。伊藤たちが模範とした人物なのに、どういうことをした人物なのか、何をしたのかを知らないで、日本歴史学界が国民国家を語ることができるというのは、私からすれば「ある意味で才能」だと思います。自分の専門外の国や時代であっても、自分の専門のことを理解するために知っておくべき周辺知識というものがあります。これを教養と言います。

例えば、伊藤博文の文書を読んでいるときに「ビス公」の文字を見つけた私がビスマルクの話を始めると、自分がその話についていけないと許せなくなって、「やめろ！」と怒り出す人間は一人や二人ではありません。特に自分より若手にそれをやられると、自分の特権を振りかざして口を塞《ふさ》ぐ、場合によっては学者生命を絶つくらいのことを平気でやります。イデオロギーがあるなら、まだ会話が成り立つのですが、こういう人に限ってノンポリなのです。アカですらない、バカ。むしろ学者ではない人のほうがわかるようなことがわからないので、○○○が真人間のように見える、人間としての尊厳を与えてもいいと思うような世界が日本の近代史学会です。これは単なる悪口ではありません。その世界では権威がない人間以外は余計なことを言うなと、弾圧まがいのことをやって、自分と同じような専門バカを大量拡大生産し続けていたらどういうことになるか。日本の歴史問題を変えるには、こういう反知性主義を改めることが必要なのです。

ドイツに話を戻しましょう。

一八八八年にドイツ皇帝がヴィルヘルム二世に引き継がれると、ヴィルヘルム二世はビスマルクを引退させて親政を始めます。今度はディズレーリ型大英国主義を真似て、植民地領有の必要性を声高に訴えますが、ヴィルヘルム二世の拡張主義は、意味なく周辺諸国すべてを敵に回しただけでした。一九一四年に始まった第一次世界大戦でも判断を誤り、一九一八年に敗戦を悟ると、連合国側に休戦協定の交渉を打診します。

休戦協定を申し出たドイツに対し、連合国側のアメリカ大統領ウィルソンは戦争遂行責任者の退陣とドイツの民主化がされない限り、休戦の交渉に応じないと答えます。平たく言えば、帝政をやめるか、物理的に国が亡びるまで戦争をやめない、どちらかを選べという意味です。憲法に則って帝政を行っている国に対して帝政をやめろというのは、憲法を変えろというのと同じ意味で、相手国の主権を犯すことです。

休戦交渉に入るため、戦後処理にあたることになったマクシミリアン内閣は、急場しのぎで皇帝交代案を出しますが、ヴィルヘルム二世は退位を渋ります。当然のことですが、ウィルソンの要望に応える憲法改正、民主化の方針を定められないうちに、一九一八年十月、勝ち目のない戦争の続行を不服とするキール軍港の水兵が反乱を起こすと、戦争続行を阻止する運動は各地に飛び火しました。バイエルン、ザクセンなどで相次いで国王が退位を決め、共和制への移行を宣言します。この状況を受けてヴィルヘルム二世もオランダへ亡命し、民衆が起こした「下から」の革命がドイツの帝政を廃止に追い込みました。

一九一九年六月、ドイツ帝国建国の式典を行ったヴェルサイユ宮殿鏡の間で、ドイツの敗戦後の処理を決めた「ヴェルサイユ条約」の調印が行われます。ドイツはそれまでに得てきた植民地のほか、アルザス＝ロレーヌなどの国境地帯の領土を取り上げられたうえ、総額千三百二十億金マルクという天文学的な数字の賠償金の支払いを強制されます。

ハプスブルク帝国はウィルソンの「民族自決」のために八つ裂きにされます。オーストリアでも国王が退位し、ドイツ人だけの小さな共和国になりました。ナポレオンの占領を受けたときもそうでしたが、敗戦はナショナリズムを燃え上がらせます。民族自決なら、同じドイツ人なのだから合邦してはどうかという大ドイツ主義が復活しますが、連合国はそれを許しませんでした。「民族自決」とは一見、「国民国家」と親和性が高い概念であるように見えて、実はまったく違うものであることは、このときのドイツを見てもよくわかります。

ヴァイマールの悲劇

混乱するベルリンを避け、ヴァイマールで開かれた議会で新しい憲法を決めたことから、第一次世界大戦敗戦後のドイツは「ヴァイマール共和国」と呼ばれます。

新たに制定されたヴァイマール憲法によって、選挙を通じて国民の意思が反映される民

ヴァイマール期の政治状況

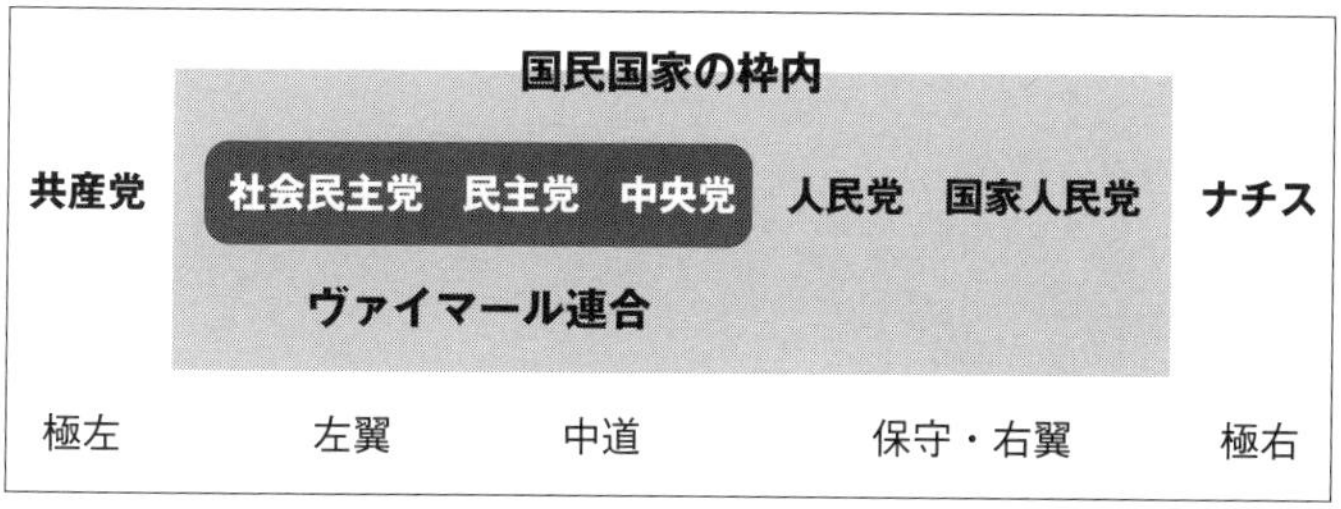

主主義制度の国になりましたが、ドイツ国民にとってそれまでの領邦国家による連邦制と共和制の違いは、王様がいるかいないかくらいの違いとしか認識されません。現代に近い民主主義を実現するためには、政治家はもちろん、国民の側の準備がまったく足りていませんでした。

共和国になってからの議会は、負けた悔しさで敗戦責任追及の八つ当たりばかりです。当時の政権は、社会民主党、民主党と中央党によるヴァイマール連合の連立政権です（図5）。一九三三年にヒトラー政権が発足するまでの十四年間で、首相が十四人も入れ替わりましたが、だいたい、代わったとしても、今の日本でたとえると、大統領が枝野幸男で、首相が山口那津男といった感じでしょうか。

第一次世界大戦末期、ドイツで大衆の支持を最も集めていたのが社会民主党です。その前身は、過激な武装蜂起を厭《いと》わないマルクス派も含む社会主義労働党ですが、その後、マルクス主義を修正し、労働者の地位の向上、弱者救済的な社会保障、民主的な選挙制度の改革、軍拡反対など幅広い社会問題に対して改善を要求していくという穏健左派の政党になっていました。一九一八年にドイツ帝国の共和制移行を宣言したのは、この社会民主党のフィリップ・シャイデマンですが、この宣言を行ったのは、過激派にイニシアティブを取られることを恐れてのとっさの判断であったと言われています。幅広い社会政策の要求案は持っているけれども、政権担当としての具体的な計画やヴィジョンがないのは、今の日本のリベラル政党とあまり変わりがありません。

そして、常に議会内で重要な地位をしめていたのが中道の中央党です。この党はカトリックの保身を動機として結成された宗教政党なので、特定の社会層や社会集団の利害を直接的に代表する政党ではありません。自民党と公明党を足した感じの保守とも革新とも言えない政党です。

ほかに、大資本家の支持を受けた人民党と、ユンカーと呼ばれる地主貴族の支持を受けた帝政復古派の国家人民党が保守・右派の政党として参加していました。

この社会民主党から国家人民党までが国民国家を運営できる政党です。極左の共産党、極右のナチスは国民国家の枠には入りません。しかし、ヴァイマール憲法下ではこのような少数政党の参加も認められていました。

フライコーア（Freikorps）

写真のドクロのマークの装甲車と兵士は正規軍ではありません。民間右翼団体のドイツ義勇軍（フライコーアFreikorps）です。この義勇軍は、一九一九年一月にベルリンでロシア型の社会主義革命を目指した反政府活動が起きたとき、最左翼のドイツ共産党を「残虐に平定」（坂井榮八郎『ドイツ史10講』二〇〇三年、岩波新書、一六九頁）しています。ヴェルサイユ条約で兵力の制限を受けているので、余った旧軍の銃器を横流ししてもらったのです。一方、極左のドイツ共産党もソ連共産党から武器や財政的支援をもらっています。

国民国家を破壊するファッショ＝「一国一党」体制

一九二一年、ヴァイマール共和国政府もソ連との間で軍需資材の交流を目的とする通商協定を結び、翌一九二二年四月にはラパロ条約を結びます。ソ連はソビエト共産党の一党独裁国家＝ファシズム国家であって、国民国家から遠い存在です。ソ連の援助を受けることは、ドイツにとっては国防政策だったのかもしれませんが、ヴァイマール共和国で生産した武器がソ連を経由して、自国の極左に流れ、市街地での左右の疑似軍事組織の衝突に用いられていたわけですから、自分で自分の首を絞めるようなものとしか言いようがありません。

さらに追い打ちをかけたのが経済状況です。ヴェルサイユ条約で押し付けられた天文学的賠償金の支払いに対して、英仏は交渉にすら応じません。一九二三年には伝説的なハイパーインフレに陥ります。新たに首相に就任したシュトレーゼマンが、シャハト発案のレンテン・マルク発行によりマルクを安定させ、外交で国際的信用を回復させたことで一時的に安定をもたらします。

一九二九年の世界的大恐慌で、ドイツ経済は再び暗転します。そこで台頭してきたのが極右政党のナチスです。アドルフ・ヒトラーは一九二三年十一月にミュンヘン一揆(Hitlerputsch)を起こし、反逆罪に問われて禁錮刑を受けた後、活動を選挙で勢力を拡大する方向に切り替えて支持層を広げていました。一九三〇年九月に行われた選挙で、第一党の社会民主党についで、ナチスが百七名で第二党、極左の共産党が第三党となりました。さらに、すべての州の選挙でもナチスは第一党の地位を確保します。一七五頁の図を思い出してください。極右と極左の二つの政党は、憲法観の合意が保てる政党ではありません。つまり、「国民」としてまとまれるどころか、国家を乗っ取ろうとする連中です。国民国家の敵です。こういう人をファシストと言います。ファッショとは、「一国一党」の体制です。独裁政党が政府に優越し、他のすべての国民を支配する。これは国家を至上とする国家主義と矛盾します。ファシズムとは国民国家を破壊する動きなのです。ファシストであるという意味において、ナチスも共産党も同じ穴のムジナです。

この二つの政党が多数を取るということは、ヴァイマール憲法下、共和制での憲法合意を捨てるという意味なのです。

ヒトラーは政界では成り上がりものと見下されていました。軍人出身のシュライヒャーや、貴族出身のパーペンらはヒトラーを利用できると考えていました。彼らにとっては、ヒトラーを政権に就かせることは自分たちの地位を固めるための目的でしたが、ヒトラーに手段として用いられることになりました。一九三二年、最後までヒトラーへ政権を渡すことを反対し続けていたヒンデンブルク大統領の手によって、ヒトラーに首相の座を渡すに至ります。この後、ヒトラーが政権の座という立場を足掛かりに非合法な暴力を合法化しながら、世界に悲劇をまき散らしていくことになります。

ドイツの伝統を壊したナチズム

ヒトラーというのは、ドイツ帝国を亡きものにしたウッドロー・ウィルソンが唱えるウィルソニズムの忠実な実践者です。

一九三三年一月三十日、首相に就任し、国家国民党と保守派との連立内閣を組んだヒトラーは、すぐに総選挙を行います。その選挙で公権力とナチスの武力組織を使って、共産党も含むナチス以外の全政党の選挙運動を弾圧し、全権委任法で議会機能を停止させるなど、半年の間にワイマール体制を崩壊させる立法を「合法的に」成立させます。これまでのドイツは、帝国でありながらも、皇位は邦内の有力諸侯の合意で決める伝統がありました。ヴァイマール憲法以前のビスマルクの時代から、チェック・アンド・バランスによる政治を行ってきた国です。大統領に強い権限を与えたのは議会の暴走に対するストッパーであったと同時に、従前の皇帝の機能を維持したような側面があったと考えられます。ヒトラーは、ヴァイマール憲法の強い大統領制を悪用し、同時にドイツの伝統も破壊したのです。一九三三年七月には、新党設立禁止法によってドイツを一党独裁のファシズム国家

第一次世界大戦後のドイツ

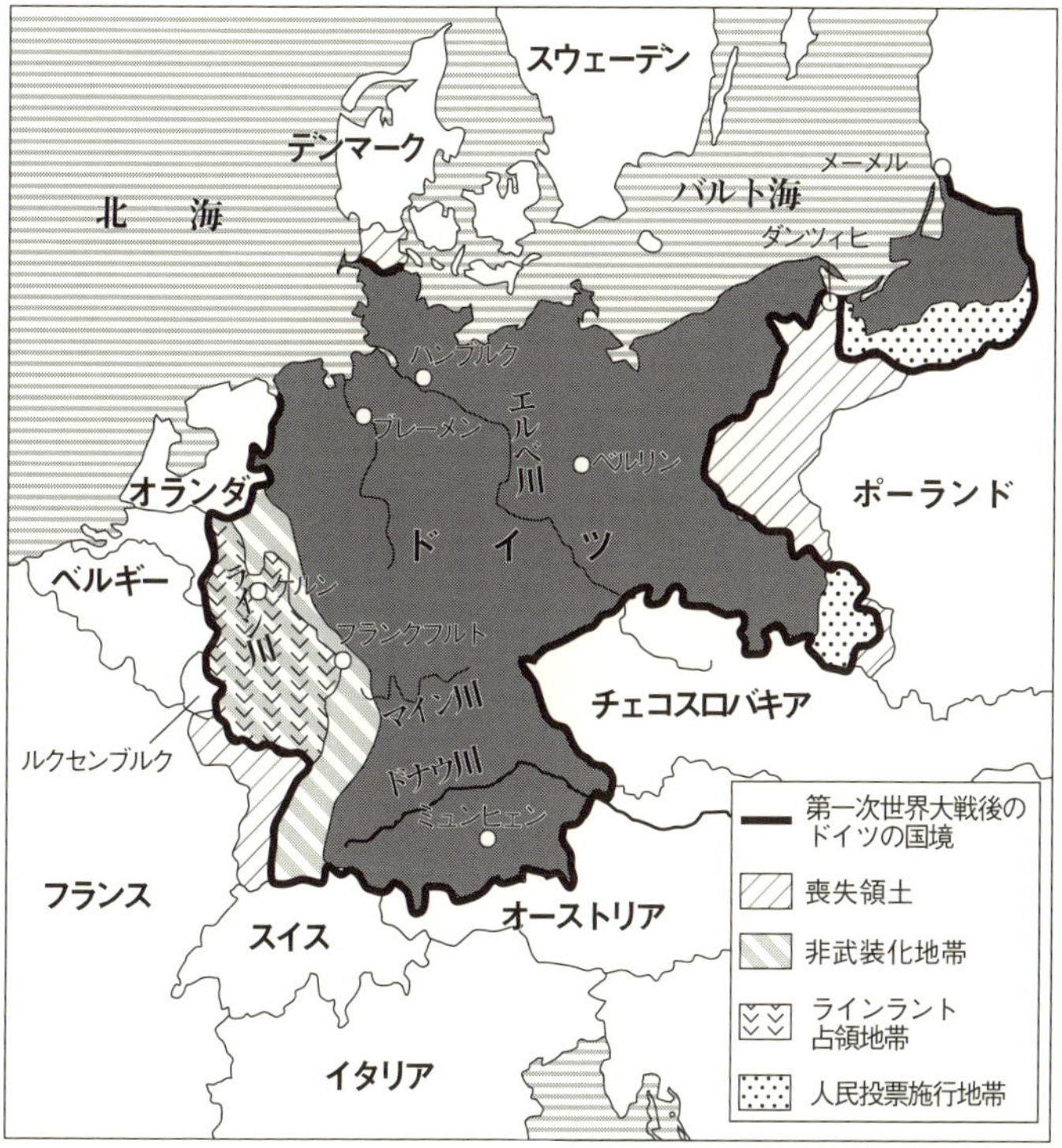

（木村靖二『新版世界各国史13ドイツ史』2011年、山川出版者 p295）

にしました。これでドイツはソ連と手を切り、国内の極左を追い落としにかかります。

このころ、世界恐慌による不況は底打ちして、景気が上向き始めていました。前政権の政策の効果が出始めたところに、典型的な公共事業の推進や再軍備に伴う軍需景気、ハイパーインフレの危機を脱出させたシャハトの力で、完全雇用を実現させ、驚異的な経済的国際競争力を取り戻します。これは国の内外でヒトラーの評価を高めます。

実は、ヒトラーはこれといった経済政策を国民に約束したことはありません。ヒトラーの関心は再軍備にしかなく、具体的な政策は側近や専門家の官僚に任せていました。

一九三五年、第一次世界大戦後、国際連盟下に置かれていたフランスとの国境地帯にあるザール地方がドイツ領に復帰します。ウィルソンが提唱した「民族自決」に則って、ヴェルサイユ条約の規定に従って行われた住民投票の結果であり、第一次世界大戦前はドイツの領土だったので、文句のつけようがありません。ウィルソンが正しいという前提を捨てない限り。

続いて、一九三八年のオーストリアを併合しますが、ドイツ・ナチス党の支部をオーストリアに置き、首相を暗殺したあとにナチス党の人間を首相にし、議会の多数派を乗っ取るという間接的な支配を確立したうえで、住民投票で決めたという外見を整えました。

このやり方は共産主義のソ連と同じです。オーストリアのほか、その後に併合するチェコ、スロバキア、ハンガリーにも、ズデーテン・ドイツ党、ハンガリーの矢十字党などといったファシズム政党があり、彼らを間接侵略の尖兵として使い、ナチス支配の受け皿としたのです。間接侵略を行うのに、右も左もないのです。

ヒトラーの主張は「ドイツ語を話している人（ドイツ人）が住んでいるところはドイツだ」です。オーストリアに限っていえば、かつての大ドイツ主義の実現、統合しようとしてヴェルサイユ会議で阻止されたのだからということであれば、かろうじて通じる話です。ナポレオンの占領後に領土を回復させたプロイセンの歴史もあります。ヴェルダン会議の修正なのだということも言えるかもしれません。しかし、チェコスロバキアのズデーテン地方以降の併合は、ズデーテンでやめますと言った舌の根も乾かぬうちで、領土的野心を隠すこともなくなり、「民族自決」の名目で、一つの国としてまとまっていた国を次々に破壊していきました。ウィルソンも、ウェストファリア体制以来、苦労して作り上げた国民国家をぶち壊しています。こうして並べれば、二人が行ったことは、そっくり同じです。その意味で、アドルフ・ヒトラーは、ウィルソン主義の忠実な実践者だと言えるでしょう。

前代未聞のホロコースト＝ユダヤ人大虐殺

また、ヒトラーは、国の外にいるドイツ人居住地を領土として広げる一方で、国内ではユダヤ人を迫害します。初期は国外移住を促進するという穏やかなものでした。ただ、この時期に物理学者のアインシュタインがアメリカに亡命し、ドイツのノーベル賞受賞者も激減していることを考えれば、ドイツにとって利益をもたらす優秀なユダヤ人の迫害は、むしろ矛盾すると言ってもよいはずです。しかし、先にも述べましたが、ヒトラーはそのような国際競争力に勝つということには、その後も関心を持たなかったようです。一九三五年九月にはニュルンベルク法でユダヤ人の公民権を剝奪し、ドイツ人との結婚・性交を禁じ、ユダヤ人を「二級国民」と定めました。

一九三八年に起きた「水晶の夜」事件を境に、ヒトラーは暴走を始めます。

戦争そのものは攻撃したりされたりで、お互いの悲劇ですが、ホロコーストと呼ばれるユダヤ人迫害は前代未聞の大虐殺でした。「戦争」犯罪ではなく、ただの犯罪です。反ユダヤ主義はヨーロッパに古くからあるもので、ユダヤ人は再三再四迫害の憂き目にあっていますが、ナチスは露骨でした。ジェノサイド条約が国連で採択、発行になるのは戦後ですが、ユダヤ人大虐殺などというものは国際法の条文にあろうがなかろうが、してはいけないことです。

戦後、ドイツはすべての責任をヒトラー一人に押し付けました。悪いのはヒトラー一人であり、ドイツ国の国民も全員ヒトラーの被害者だというのです。お悔やみ申し上げます、と謝罪するのは、ユダヤ人をはじめ、ロマ（ジプシー）や同性愛者や障害者など、なんの罪もないのに一方的に被害（迫害）を受けた人々に対してだけです。

実は、オーストリアなど、後にドイツの占領下に置かれた国々は微妙な立場です。例えば、オーストリアはドイツに対しては被害者ですが、チェコやポーランドに対しては加害者になります。ドイツの後に加わった者は、ドイツに対して被害者であっても、その後に加わった者に対して加害者になってしまうのです。さらに、ポーランドなど東欧諸国はもともと反ユダヤ主義の激しいところでした。ドイツ人に強制されなくても、率先してユダヤ人に危害を加えたり、殺した人も大勢いました。ドイツの作った大義名分を利用したケースもあり、そうでなければ、数百万人規模の大虐殺は不可能です。

政府が権力を利用して民族を滅ぼさんとする場合に、これに対して反抗するのはその民族の権利であり、又義務である。
（アドルフ・ヒトラー『我が闘争』第一巻上　東亜研究所、一九四二年、国立国会図書館蔵、一八九九頁）

当時はこれを読んで熱狂した人もいたのでしょうが、現代でこれを読むと、何とも白々しい言葉です。ただし、ヒトラーは自らのこの言葉を実践したフランスには最終的に勝てませんでした。フランスが完成した国民国家であったからです。

ヒトラーの民族主義は、国境に留まる国民国家を飛び越えたものです。日本のような、国境の中に民族も歴史もとどまり続ける例はほとんどないと言ってよいのです。だから、英語でもドイツ語でも、民族主義と国家主義を訳しわけることができません。英語でエスノセントリズムとナショナリズムまでは訳すことができても、少数民族、民族、国民を分けた表現の言葉がないのです。これができるのは日本語だけだということがわからないと、日本人はドイツで起きたこの民族問題を理解することができません。日本以外のほとんどすべての国は、国民という幸せなまとまりになれなかった。ナチスというのは、そうなろうとしてできなかった悲劇なのです。

第二次世界大戦は、一九三九年九月にドイツがポーランドに侵攻したのをきっかけに、イギリス、フランスが宣戦布告して始まりました。翌一九四〇年四月、ドイツはデンマーク、ノルウェーを占領、五月にはオランダ、ベルギー、ルクセンブルクを占領、フランスに侵攻してパリを占領するに至ります。一九四一年六月には独ソ戦に突入しますが、ドイツの快進撃は一九四三年まででした。形勢が逆転し、一九四五年四月二十四日にベルリンが完全に包囲されると、ヒトラーは自決の最期をたどります。『我が闘争』で「一旦決めた以上は、指導者が生命がけでこれが全責任を負ふ」のがゲルマン民族のデモクラシーだ（前掲『我が闘争』一八〇～一八一頁）と記したヒトラーでしたが、生きて生命がけで責任を取ることはありませんでした。

分断から統合

一九四五年五月八日にナチス・ドイツは無条件降伏し、翌六月から連合国の占領下に置かれました。飛び地となっていた東プロイセンがソ連とポーランドに分割されたほか、敗戦前の約四分の一の東側の領土を失います。その結果、東側の国境が大きく西側にずれました。それまでドイツの国民国家化の覇権を握ってきたプロイセンの地を手放し、地理的にまとまった西側に重心が移った形です。残った領土は次の図のようにイギリス、アメリカ、フランス、ソ連の四か国によって分割されました。

ところが、一九四六年ごろからイギリス、アメリカで共産主義の見直しが始まり、いわゆる東西冷戦の時代に突入すると、占領政策にも影響が出始めます。アメリカにとっては占領にかかる負担の問題もあり、復讐《ふくしゅう》よりもヨーロッパ経済の立て直しが必要であるとイギリス、フランスを説得しました。一九四八年には、アメリカ、イギリス、フランスの西側の占領地区での通貨統合によって経済政策の二分割が決定づけられます。同じ年ソ連が、占領区内で個別に四分割占領していたベルリン内の西側三か国の占領地域（西ベルリン）

を封鎖して物流を遮断すると、アメリカは空輸で救援物資を運びこんで対抗し、西側諸国の結束を見せつけます。以来、東西ドイツは米ソ二大国の激突の最前線となっていきます。封鎖は翌年に解かれますが、冷戦の深まりとともに占領地域全体の統合は困難を極めました。

英米仏占領地域では州ごとの政府、議会が再建されましたが、ソ連占領地域ではソ連の指導を受けるドイツ社会主義統一党（ＳＥＤ）による再建が始まりました。ソ連によるドイツの衛星国化です。

一九四九年五月、英米仏占領地域側のドイツはドイツ連邦共和国基本法を作り、ドイツ連邦共和国（西ドイツ）を発足させました。一方、ソ連占領下で発足したＳＥＤ側は、全ドイツを対象とする新たな憲法討議を行おうとしましたが、先を越されていました。同年十月、ソ連占領側でドイツ民主共和国（東ドイツ）を成立させ、ドイツ民主共和国憲法を制定します。

ここに占領は終結し、ドイツは国民の意思とは無関係に国が分断された状態から再スタートを切ることになります。しかし、ドイツ人が国家統一の希望を捨てたわけではありません。

西ドイツは行政上の首都をベルリンからボンに移しましたが、あくまで暫定的なものと

第二次世界大戦後のドイツ

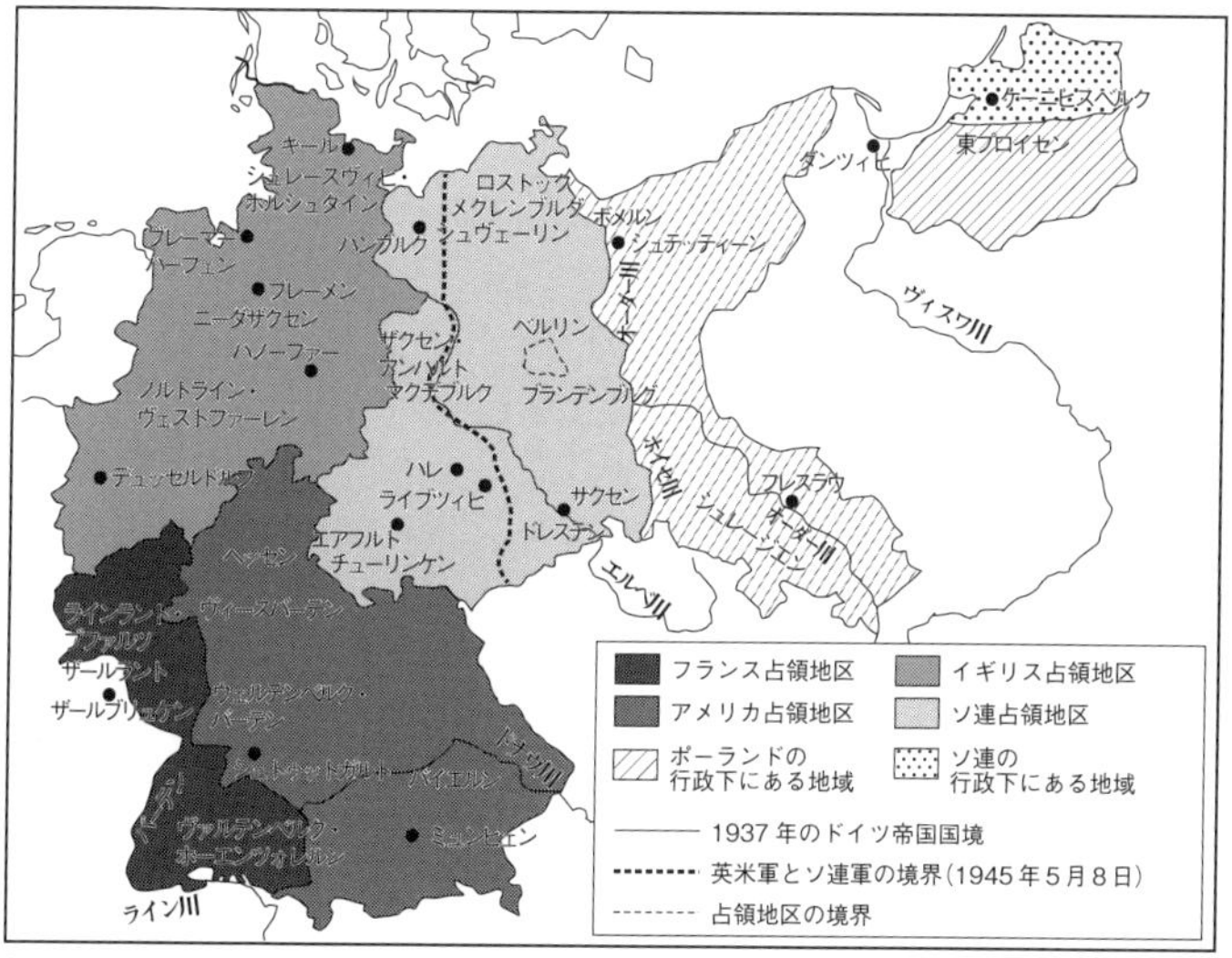

第二次世界大戦後のドイツ　4連合国による分割占領と領土変更
（石田勇治『図説ドイツの歴史』2007年、河出書房新社　p89）

しています。また、憲法もあえて「基本法」と名付けたのには、憲法は統一してからという思いがあり、ドイツ連邦共和国基本法第一四六条は「この基本法は、ドイツ国民が自由な決定によって決議する憲法が施行される日に、その効力を失う。」と定めています。西ドイツの立場は「一つの国民による二つの国家」です。東ドイツは「二つの国家」「二つの国民」の立場を主張しました（須郷登世治『独英日対訳　ドイツ憲法の解説』中央大学出版部、一九九一年、一四頁）。

東ドイツ憲法であるドイツ民主共和国憲法第一条は「ドイツは不可分の民主（的）共和国である」と定め、

東ドイツ国歌の第一節には「ドイツ、一つの（「統一された」という意味でもある）祖国」という歌詞が含まれていました。しかし、東ドイツは五度の憲法改正の後、再統一の意思を放棄してしまいます。一九六一年八月にはベルリン市内の西側占領区域との境界に「ベルリンの壁」を作り、物理的な国境封鎖を行います。ソ連の社会主義を嫌う一般人の流出を物理的に防ぐためで、東ドイツの安定にはこのような強制力が必要でした。国歌もメロディーだけを残して歌詞を歌わなくなります。

ところが、その後、一九八〇年代までにソ連をはじめとする共産主義国は経済で行き詰まりを見せるようになります。東ドイツは共産圏の中では高い経済成長を遂げたほうですが、壁の向こうの西ドイツの経済成長とは比べものになりませんでした。ソ連では一九八七年にゴルバチョフがペレストロイカをうたい、SEDに対しても民主化改革を指示しますがSED指導部はそれを拒否します。もちろん、それで経済状況が好転するわけではなく、むしろ悪化に向かいます。ライプツィヒやドレスデンでは「われわれが人民だ（Wir sind das Volk!）」のスローガンを掲げたデモや集会が行われます。これを取り締まったSEDはさらに支持を失います。一九八九年にハンガリーが国境においた柵を撤去すると、ハンガリー、オーストリアを経由して西ドイツへ亡命する東ドイツ国民が相次ぎ、ベルリンでは民主化を求める集会に百万人以上が集まるようになりました。西ドイツへの出国を希望する人の流れは止まらず、抗しきれなくなった東ドイツ政府がベルリンの国境封鎖を解くと、同年十一月十日にはベルリンの壁が破壊されるに至ります。翌十二月にはマルタ会談が行われ、米ソの間で冷戦終結が宣言され、翌一九九〇年二月には、ゴルバチョフが西ドイツのコール首相に東西ドイツの統一を容認することを伝えました。

一九九〇年三月、この流れの中で、東ドイツ初の自由選挙が行われます。争点はドイツ統一です。ここで初めてSED以外の政党（キリスト教民主同盟）のデメジエール党首を首相に選出し、ドイツ連合、社会民主党、自由民主同盟を加えた五つの政党による大連合政権のもと、憲法を改正してドイツ統一を決定します。一方の西ドイツでは統一後の経済復興や、異なる秩序をどう埋めていくかといった問題に何の準備もできていませんでしたが、統一へ向かう動きは加速する一方でした。

一九九〇年十月三日、ドイツは東西統一を果たします。

この統一は、東ドイツの人民会議の決議だけで自動的に実現できる西ドイツのボン基本法第二三条に基づいて行われました。実質的には統一というよりも西ドイツの東ドイツ併合です。ですから、統一後の国名は西ドイツの「ドイツ連邦共和国」となり、統一後の憲法もドイツ連邦共和国基本法（ボン基本法）を使用します。統一によって旧東ドイツ国民の権利保護や刑法の適用、運用を定める条約の内容をめぐっては与野党の紛糾は生じるものの、このときのドイツ人のドイツ統一への意思は、「条約への反対は統一への反対である、ドイツ人は誰も統一に反対できない」（須郷登世治『独英日対訳　ドイツ憲法の解説』中央大学出版部、一九九一年、二一頁）という強気な西ドイツ政府、ジョイブレ西ドイツ内相の発言にも見ることができます。

極右のナチスと極左の共産党を非合法化

統一後も使われているドイツ連邦共和国基本法は、極右のナチスと極左の共産党を非合法化しました。ナチスの排除は国際公約でもあり、戦後、西ドイツが独立国として生き残る条件でもありました。共産党も議会制民主主義と相容れないという理由から排除したのです。一定数の得票を得ないと議席をもらえない五パーセント条項は、小党の乱立を防いでいます。話のわかる政党、連立の組める政党だけが議会に入れる仕組みであり、言い換えれば、憲法観の合意ができるようにしたということです。

また、首相の議会解散権の行使が政権を不安定にしたとの反省から、議会解散権を厳格に制限しました。与野党の合意がないと解散できません。そのためドイツでは長期政権が続きます。戦後の統一前の西ドイツ時代は、東西陣営の最前線という背景から、国内の結束が必要でしたし、戦後の首相は、アデナウアー、エアハルト、キージンガー、ブラント、シュミット、コール、シュレーダー、メルケルの、たった八人です。日本の総理大臣を全部言える人は、戦後以降と区切ってもかなりの政治オタクでしょうが、ドイツなら簡単です。

ところで、脱線します。二〇一七年九月に安倍首相が衆議院を解散したことを「憲法違反だ」と言う人がいます。現在の日本国憲法は、ドイツとは逆に首相に解散権を認めています。吉田内閣以降、何回衆議院が解散されてきたでしょうか。これをもって憲法違反ということは、護憲派の人たちは憲法無効論を言い出すつもりなのでしょうか。木村草太氏に至っては護憲派のはずですから、「首相の解散権を制約すべきだ」と言うということは、改憲論なのです。木村氏は自分が何を言っているのかわかっていないのではないでしょうか。

首相の解散権を認めるか、ドイツのように制限するかというのは、一概にどちらが良いとも言えません。日本の地方議会のように不信任されたときしか解散できない、事実上、与野党合意でなければ解散できないということにすると、国政の停滞が起こります。与党がレームダックになっているのに、わざと退陣させないということもできるからです。さらに、与党が首相に造反したときに総理大臣が信を問う方法はなくなります。また、首相の解散権を縛ると新党の勢力が伸びてくるのを現職の与野党が談合して阻止することができます。一九九三年に宮澤内閣が衆議院を解散したときは、新党ブームでした。直前に細川護熙《もりひろ》が日本新党を結成していたので、同年八月には非自民勢力が連合して、細川内閣が成立しました。

ドイツのように首相の解散権が制限されると、新党を作って政界の腐敗を打破しようという動きが封じられるので、日本新党のようなケースは起こりません。もし、木村氏が言うように、首相の解散権が制約されていたら、あの場合は宮澤自民党内閣が続いたということです。そういうのがお望みなのでしょうか。

首相の解散権を制約しているのはイギリスも同じです。しかし、イギリスもドイツも、与野党にそれぞれ一つずつ近代政党があるからこれができるのです。反体制の共産党が国会に議席を持っているのは、フランスと日本だけですが、フランスの共産党は愛国者です。反体制の共産党や、憲法典の条文は誤植一文字すら変えさせないことを自己目的化している社会党（現在の社民党と立憲民主党の原型）のような政党があって、憲法観の合意が必ずしもとれているとは言えない場合、解散権の制約をすべきではないでしょう。

EUを通じて間接支配する超国家主義へ

ドイツは戦後四十五年間の分断を経て、一八七一年のドイツ帝国から百二十年ぶりに国の統一を祝うことができました。

ドイツは、中国と違い、かつての最大版図を取り戻すということではなく、ヨーロッパ連合（略称ＥＵ）という超国家的機関を通じて他の国を間接支配するという知恵を覚えました。グローバル化の名の下、他の国民国家を支配しつつあります。第二次世界大戦で失った領域を国土とするポーランドや、オーストリアをはじめ旧ハプスブルク帝国のハンガリー、チェコ、スロバキア、クロアチア、スロベニア、バルト三国も全部加盟しています。

ところが、その状況に異を唱えたのがイギリスです。二〇一六年七月の国民投票でＥＵからの離脱が決まりました。実質的に言うと、この決定はイギリスにもＥＵにもメリットが薄い話ではあるのですが、ＥＵ離脱を考えるイギリス人の気持ちというのは、一九七〇年代のイギリス病から来たのではないかと思います。第二次世界大戦の勝者はわれわれイギリスのはずなのに、どうして敗戦国のはずのドイツと日本が世界のＧＤＰの二位と三位なのだ？　おかしいじゃないか、敗戦国というのはわれわれなのか？　戦後、日本にしてもドイツにしても、何かと目の敵にされるのは、こうした背景もあります。

第六章　エンパイアから始まった国民国家イギリス

第四章でアメリカについて述べましたが、アメリカとイギリスの違いは、国歌の歌詞によく表れています。

アメリカの国歌は人々への神の祝福を称え、イギリスの国歌は「女王陛下万歳（神よ、女王陛下を守り給え）」（God Save the Queen）です。では、イギリスの国民国家は、どのように成立したのでしょうか。

別々のネーションがまとまっていく英国史

イギリスの正式名称は、「United Kingdom of Great Britain and Northern Ireland」（グレート・ブリテンおよび北アイルランド連合王国）といいます。

イギリス諸島の一番大きな島がグレート・ブリテン島、隣にあるのがアイルランド島で、付属する島嶼とともに、ヨーロッパ大陸からはドーバー海峡で隔てられた島国です。二つの島の間にあるマン島はイングランド王室に付属する島で、毎年行われているオートバイの公道レースで世界的にも有名です。

正式名称のとおり連合王国で、同じ王様を戴《いただ》くネーションの連合です。グレート・ブリテン島の中南部がイングランド、西側にウェールズ（古英語では「異邦人」の意。ウェールズ語ではキムル）、北にスコットランドがあります。アイルランド島の北側、北アイルランドは一九二〇年のアイルランド統治法で正式に連合王国に帰属しましたが、南側のアイルランド（アイルランド語でエール）は、現在は別の国です。一八〇一年にイングランドに併合され、一九二二年に自治領となり、一九四九年には完全に連邦を離脱するまでは連合王国の構成地域でした。アイルランドは人口の約八八％がローマ・カトリック教徒、北アイルランドは人口の約六割がスコットランドからのプロテスタント系植民です。

アイルランドの独立後は、連合王国に残った北アイルランドでプロテスタントとカトリックの対立が続きました。宗教両派の対立と、アイルランドの南北統一か連合王国に属しての自治かという政治的な対立により、一九六〇年代末から七〇年代にかけてテロを伴う武力闘争になります。一九九九年、アイルランドによる北アイルランドへの領有権放棄が正式に決定し、アイルランド共和軍（ＩＲＡ）の武装解除手続きが確定して、ようやく自治政府が発足しました。その後も二〇〇〇年代初頭、北アイルランド自治政府が機能不全に陥ると、イギリスの直接統治で事態を収拾するといったことを繰り返しています。

それぞれのネーションが別の国としての歴史を持ち、これらをまとめて現在の形になっていく過程がイギリスの歴史です。もともと別のネーションだとわかりやすいのはスポーツの試合のときで、サッカーやラグビーの試合となると、たちまち各々のナショナリズムが盛り上がります。イングランド代表とスコットランド代表が一緒にやれば、相当強いチームになると思うのですが、どれだけ仲が悪いのか。いまだにスコットランドのエジンバラ大学は、イングランドのオックスフォードやケンブリッジといった名門大学を「レベルが低い」とバカにするほどです。

小著『嘘だらけの日英近現代史』（扶桑社、二〇一六年）で、「イギリスとは何か」を公式化しました。

イギリス＝フランス＋アングロ・サクソン＋ケルト
アングロ・サクソン＝イングランド＝デンマーク＋ザクセン
ケルト＝ウェールズ＋スコットランド＋アイルランド

イングランドはアングロ・サクソンの国、スコットランドやウェールズ、アイルランドはケルト人の国です。十一世紀にはイングランドにフランス人が入って、現在の民族構成の原型ができます。

ローマ帝国の最果ての地からアングル人の地へ

ケルト人は、現在のフランスやドイツのあたりまで、紀元前から広範に住んでいた民族です。ラテン語でケルタエ（Celtae）またはガリ（Galli）と呼ばれ、古代ローマ人が現在のフランスやドイツのある地域を「ガリア」と呼んだのは、このガリに由来する名称です。北東部ではゲルマン人と混血し、南西部ではイベリア人と混血していきますので、人種的に共通する特徴はないと言われています。

ケルト人は、紀元前六世紀ごろには海峡を渡ってグレート・ブリテン島に住んだとされていますので、イングランドを構成する民族のうち、アングロ・サクソンは後から来た人々です。アングロ・サクソンというのは、北海沿岸のユトランド半島（現在のデンマークあたり）の海賊と、ゲルマン人になります。日本では海は防壁だと考えられがちですが、この地域の人々にとっては、海は進入路です。

ローマ時代、現在のイギリスは「ブリタニア」、スコットランドは「カレドニア」と呼ばれました。ブリタニアは「ブリトン人の国」という意味です。キムリ人とも呼ばれ、小部族による王国を作っていました。ブリタニアは、一世紀なかばにローマ帝国の州になります。現在のロンドンはローマ時代に建設された植民都市で、当時はロンディニウムと呼ばれました。ロンドン橋で有名なテムズ川の架橋の最初は、ローマ人によるものです。

五賢帝と呼ばれるローマ皇帝の一人、ハドリアヌス（在位一一七〜一三八年）は、帝国の領土拡大よりも国政の安定化を重視しました。ブリタニアとカレドニアの間に壁を築きます。また、ハドリアヌス帝の次の皇帝アントニヌス・ピウスは、もう少し北側にやはり防塁を作りました。「ハドリアヌスの壁」も「アントニヌスの城壁」も、現在はともに世界文化遺産になっています。ここが当時のローマ帝国領土の最果ての地でした。

平地の多いブリテン島は当時から穀倉地帯で、ブリタニアのブリトン人はローマ帝国の奴隷身分になり、カレドニアの人々は北方の蛮族扱いでした。ローマ帝国の版図に入っても、ブリタニアの伝統的な部族制は続き、ローマ文化の影響を受けながらケルト文化も継承されていきました。

大きく変わったのは五世紀初頭からです。五世紀から六世紀にかけて、ゲルマン民族の大移動にともない、ローマ皇帝は大陸の防衛のためブリタニアの兵を引き揚げます。四一〇年、皇帝ホノリウスはブリテン島の放棄を宣言しました。ブリトン人の部族国家による分立統治へと一時復します。

そこへ東から押し出されるように、ブリテン島にもゲルマン人がやって来ました。イングランドという言葉は、「アングル人の地」という意味ですが、このときにやって来た人々が先住民族を西へ北へと追いやって居座りました。ブリテン島は古代エスニックが入り混じる土地になります。ブリテン人の小部族王国分立に加え、後から入って来たアングロ・サクソンによる小王国も複数建てられました。

この七王国（ヘプターキー）時代を描いたのがシェイクスピアの『リア王』だそうですが、どの国のいつの話なのかは定かではありません。また、アーサー王の伝説で知られる円卓の騎士は、当時のケルト人の民族的記憶の結晶とも言われています。アーサー王は、八〇〇年ごろにサクソン人と戦って勝った将軍として、ウェールズ人の歴史家ネンニウスによる歴史書『ブリトン人史』に記録されています。

このころは、バイキングによる侵入と破壊、占領も行われた時期で、イングランドとウェールズはお互いに戦いながら、バイキングとも戦わなければなりません。九世紀から十世紀にかけて、ウェールズの海岸線沿いはバイキングによる略奪が横行しました。十世紀にはウェールズとイングランドの双方で、それぞれの統一王国が成立します。ウェールズ側も、親イングランド政策によって束の間の安定となります。

イングランドには、十一世紀に支配階級としてフランス人（北方のノルマン人の子孫）がやって来ました。一〇六六年、ノルマン・コンクエストです。

ウェールズとスコットランドの併合

ウェールズがイングランドに正式に併合されたのは、一五三六年のヘンリー八世（在位一五〇九～一五四七年）の時代で、それまで五百年近い間、たびたびイングランドに対して戦を挑んでいます。現在では、イギリスの皇太子の称号となっているプリンス・オブ・ウェールズも、十三世紀にウェールズ全土を治めたルーウェリン・アープ・グリフィズが名乗ったのが最初です。一二七七年、一二八二年の二回にわたり、プランタジネット朝のエドワード一世（在位一二七二～一三〇七年）による討伐戦に抗戦し、グリフィズが敗北すると、エドワード一世は息子（後のエドワード二世）にこの称号を与えました。

以後、十六世紀まで続いた独立回復の反乱が最終的に落ち着いたのは、チューダー朝の初代ヘンリー七世（在位一四八五～一五〇九年）がウェールズ人の血を引いていたからだとされています。

では、スコットランドはどうだったかと言えば、十一世紀には分立していたケルト人の部族制王国を統合し、スコットランド王国が成立します。アイルランドから渡ってきたスコット人と、コーカソイド系と言われるピクト人を統合したアルバ王国を引き継いでいます。

ただ、この時点でスコットランド全域が一つの国として成立したかと言えば、そうではありません。ブリテン島の北部、ちょうどアントニヌスの城壁が築かれたあたりから、北東の海岸線を除いた高地をハイランド地方といいます。ブリテン島の山岳地帯で、断層帯が南北を分ける境界線となっています。

経済学者の高橋哲雄博士による『スコットランド 歴史を歩く』（岩波書店、二〇〇四年）では、北部ハイランドと南部ロウランドの国民意識形成について、最終的に一つの「スコットランド人」という認識が成立するのは、イングランドとの合併後であると紹介されています。ハイランドの人々は伝統的な氏族による部族社会を継承し、南部はイングランド化、次いでフランス化が進んでいきました。南北の社会的・文化的な溝は、最終的には十八世紀後半、ジャコバイトの反乱の鎮圧を機に、イングランドによってハイランドの部族制解体や武装解除がされ、合併後の副産物として「スコットランドらしさ」といったアイデンティティの探索が始まるまで続きます。

スコットランド王国の成立から三代目になると、イングランドから王妃を迎えて縁戚関係になりますが、十三世紀末には戦争になるほど仲が悪くなりました。その後はフランスから嫁を迎え、十六世紀には女王メアリ・スチュアート（在位一五四二～一五六七年）がフランス皇太子と結婚しています。生後一週間で即位し、六歳からはフランスの宮廷で教育を受けました。結婚相手のフランソア二世がフランス王に即位して一年で早逝したので、スコットランドに帰ったという人です。帰ったときには、カトリックとピューリタンが国を二分して抗争を繰り広げていた時代で、メアリ本人はカトリックです。一生を通じて数奇な運命に翻弄《ほんろう》された女王ですが、息子ジェームズに譲位した後、人生の後半十九年間はイングランドで幽閉生活を送り、最後は処刑されてしまいます。

自身の死後、息子がスコットランド王とイングランド王を兼ねるのですから、人生とはわからないものです。イングランドの宮廷と議会は、エリザベス一世の危篤を受け、ジェームズと連絡を取り合います。崩御後空位となったイングランド王位を継承したジェームズは、スコットランド王としてはジェームズ六世（在位一五六七～一六二五年）、イングランド王としてはジェームズ一世（在位一六〇三～一六二五年）と呼ばれます。以後、イングランドとスコットランドは、一七〇七年に連合条約が締結されるまで、別の国ながら同じ王様を戴くという関係になりました。これを同君連合と呼びます。

ジェームズ一世と、その後を継ぐ息子のチャールズ一世（在位一六二五～一六四九年）の治世で、イングランドは後の憲政の大前提となる重大な転機を迎えます。清教徒革命と、名誉革命です。この二つの革命は、イングランドとスコットランド双方で、それぞれ大きな影響を与えています。

重大な転機となった「清教徒革命」と「名誉革命」

清教徒革命は、もとを辿《たど》ればジェームズ一世がエリザベス一世の時代に行われた穏健な宗教改革を巻き戻そうとして、議会と対立したことが原因です。スコットランドに対しては、チャールズ一世が英国国教会とスコットランド教会の統合を行おうとして、スコットランド内のピューリタンに反乱を起こされました。英国国教会は、ローマ教皇の支配から脱するために設立されたものですが、プロテスタント側の改革要求を受け入れつつも、教義や礼拝はカトリックの伝統を継いでいたからです。スコットランドにおいては国王vs.教会、イングランドにおいては国王vs.議会という構図で三つ巴になりました。

チャールズ一世はスコットランドの反乱を鎮圧する戦費捻出《ねんしゅつ》でも、議会と対立すると解散で応じるなど専制的に振る舞いますが、スコットランド軍が越境してイングランドに侵攻する事態になると、賠償金の捻出のために議会を開かざるをえなくなります。このころには、国王が定めた徴税に対する支払い拒否など、貴族や地主層にも背を向けられていたのです。このときの議会を長期議会と呼び、国王が議会の同意のない解散や課税、議会を開かないといった専断、国王大権からの司法権の分離など、国王と議会の関係に大原則ができます。

ところが、今度はアイルランドのカトリック教徒が反乱を起こし、議会が分裂します。ピューリタンが発言力を増しますが、急進的な改革に反対する勢力が国王支持に戻り、革命派と国王派の間で武力闘争になりました。この内乱でスコットランドは革命派を軍事支援し、オリバー・クロムウェルが革命政権を樹立することになるのです。

チャールズ一世は革命により処刑され、革命政権はアイルランドとスコットランドに遠征して荒らしまわり、カトリックを虐殺します。対外的にも一六五二年の第一次英蘭戦争で、オランダの中継貿易の権益に挑戦し、一六五四年にはスペインに対しても戦争を仕掛けました。英蘭戦争では議会と軍の対立により、クロムウェルが軍事独裁政権を立てますが、五年で病没。これを継いだ息子は軍も議会も掌握できずに早々に辞任し、無政府状態の大混乱を議会が中心となって収拾します。一六六〇年、王政復古です。

ところが、王政復古後二代目の国王ジェームズ二世は、またも議会と慣例を無視します。ジェームズ二世とその王妃もカトリックです。議会を休会するわ、宗教裁判所は復活させるわの専断を行います。プロテスタントの反乱を口実に、ロンドンに常備軍を置き、「信仰の自由」を掲げてカトリックの復権を目指したのです。

議会と有力貴族は、オランダに嫁いだジェームズ二世の長女メアリが王位を継ぐことに希望をつないでいました。メアリがプロテスタントだったからです。ところが、王と王妃の間に男の子が授かり、皇太子とされます。これを受けて、議会が謀叛を起こしました。名誉革命です。

議会は、メアリの夫でオランダ総督のオラニエ公ウィレムと、メアリによる共同王位を提案し、二人を招請しました。ウィレムの上陸により、ジェームズ二世はフランスへ逃亡、事実上の退位となりました。

イングランドでは臣民の権利と王位継承を定める権利章典が制定され、メアリの妹のアン王女を次の継承者とすることが決まります。アン王女もプロテスタントです。国王を首長とする国教会と、その他プロテスタントの信仰の自由が確認されます。また、国王に対しては、議会の承認なく平時に常備軍を徴集しないことを約束させました。

スコットランドでは、イングランドの名誉革命を議会が承認し、権利の要求を提出し、オラニエ公ウィレムはこれを容れてスコットランド王も兼ねます。一方、議会のこの動きに対して、ジェームズ二世を支持するジャコバイト派が武力抗争を繰り広げました。ジェームズ二世はフランスのルイ十四世の援助を受けて舞い戻り、アイルランドを拠点に反乱を起こします。ウィリアム三世（在位一六八九〜一七〇二年）としてイングランド王位に就いたオラニエ公ウィレムはこれを討伐、オランダと同盟してフランスと争い、イングランド王位を認めさせたのが一六八九年のファルツ戦争です。

ファルツ戦争の最中、共同王位にあった妻メアリが亡くなり単独王位となりますが、ウィリアム三世は戦争を戦い抜き、一七〇一年、スペイン継承戦争に参戦しました。スペインのハプスブルク家が断絶したことに付け込もうとしたフランスのルイ十四世に対して、当時の陸軍強国一位のフランスと二位のスペインが合同することを嫌った周辺国とともに、対仏大同盟を組みます。

このころ、東欧で行われていたのが、第三章ロシアで触れた北方戦争です。ヨーロッパは二つの戦線を抱えて、大戦争の時代となりました。

スペイン継承戦争が始まってすぐにウィリアム三世は崩御、王位継承法に従ってアン女王（在位一七〇二〜一七一四年）が即位します。即位当時のアン女王は、イングランド、スコットランド、アイルランドという三つの王国の王様を兼ねました。この形式はアン女王が最後になります。ウィリアム三世の始めたスペイン継承戦争を引き継ぎ、戦時対策としてスコットランドと合併したからです。

一七〇七年、連合条約によるイングランドとスコットランドの合併は、イングランドによる併合と言われます。イングランドが力で押さえつけたのは確かなのですが、形式としては対等合併です。議会の合同により、スコットランドは貴族院と庶民院にそれぞれ議席が割り当てられました。イングランドとウェールズを合わせて五百十三議席あったうち、スコットランドの議席割り当ては四十五と少ないようですが、前出の高橋哲雄博士は、人口比から考えれば過少に見えるけれども、当時のイングランドとスコットランドの経済規模の差（つまり納税額の差）に基づいたものではないかと指摘しています（前掲『スコットランド 歴史を歩く』八五頁〜八六頁）。

議会は統合されましたが、各々の土地で有効な民法は現代でも異なります。合併によってスコットランドの宮廷・行政府・議会がロンドンに移って以降は、法律や金融の仕組みが異なるため、ロンドンの貴族たちが現地の優秀な代理人を雇ったこともあり、法曹分野の実務家は活躍の場を得ます（同前。一八一頁〜八二頁）。また、エジンバラ大学やグラスゴー大学を拠点として、哲学、社会科学のほか、医学や工学などの実学が興隆しました。エジンバラ大学は特に医学教育で有名ですし、グラスゴー大学はアダム・スミスを輩出しています。

かくして、およそ百年にわたる同君連合を経て、両国が合同したグレート・ブリテン連合王国が成立しました。対岸のフランスやスペインと、地続きのスコットランドが組んでイングランドに敵対するという脅威が解消されます。日本でたとえれば、南北朝時代の懐《かね》良《なが》親王の九州王国がずっと続いていた状態が解消されたようなものです。

ブリテン島と佐渡島

ここまでの話を大枠で日本にたとえると、イギリスにおけるシェイクスピアの七王国時代を描いた作品は、建国神話の『古事記』と文学作品である『万葉集』を兼ねたようなものです。シェイクスピアが世に出たのはエリザベス一世の時代で、亡くなったのが一六〇三年ですから、徳川家康と同時代の人です。そこから百年後に、出雲の国譲りが成ったわけです。他国の成立の歴史を日本の歴史と対照すると、どうしても時系列が前後しますが、時系列に沿って国家が順調に発展するのは日本の特質です。

七世紀ごろの日本は聖徳太子の時代です。ヨーロッパに対するブリテン島の位置に似ているのが佐渡島ですが、古くから大八洲の一つとされています。シェイクスピアが描いたこのころの伝説、七王国時代が年代も場所も特定できないのに対して、佐渡島は七世紀にはすでに、一次史料が残っている文明の時代になっています。

一〇六六年のノルマン・コンクエストのころであれば、日本はちょうど後三条天皇が荘園整理を始めています。一〇六九年、延久の荘園整理です。各地の国司が伝えている史料によれば、全国の荘園に領主名と田畠の数を届け出させ、国務の妨げとなるものを整理しました。徴税のための土地の管理と隠し財産の防止です。八世紀には佐渡島に国府（地方行政府）と国分寺が置かれ、国司の管理の下できちんと都に税金を納めています。

九世紀末ごろからは日宋貿易が始まる時代で、砂金が取れた佐渡や奥州が栄えます。佐渡の金山といえば江戸時代に開発されたとするのが一般的ですが、十一世紀の平安時代後期に成立したといわれる『今昔物語集』には、佐渡の砂金採取の記録があります（明治十五年版、第二十六巻十五話「能登國掘鐵者行佐渡國掘金語第十五」）。日宋貿易では、日本人の渡航制限がされ、宋の商人の渡来も管理されていきました。

この当時のブリテン島は前述したとおり、いろいろなエスニックがごった返していて、それぞれの王国が分立している時代です。ノルマン・コンクエスト以来、ウィリアム一世は大陸のもとの所領とブリテン島の両方を治めますが、もとの所領自体がノルマンディー公国で、ブリテン島の征服は特にフランス王がやらせたものでもありません（『嘘だらけの日仏近現代史』扶桑社、二〇一七年）。それぞれのエスニックごとにネーションとしての自意識はありますが、一つの国としての「国境」や「国民」という意識は、まだありません。同じ時期の佐渡島は、すでに「日本人」の認識ですから、相当に先進的です。

八世紀以降、佐渡島は遠流の地と定められましたが、流されてくるのは単なる罪人ではなく、順徳《じゅんとく》上皇や日野資朝《すけとも》といった皇族・貴族をはじめ、日蓮上人、万葉歌人の穂積朝臣、観世元清《かんぜもときよ》・世阿弥《ぜあみ》などのセレブや知識人です。順徳上皇の遠流《おんる》は一二二一年の承久《じょうきゅう》の乱という政争によるものですし、日蓮上人など奇跡の結果です。

何が奇跡かと言うと、日蓮は、鎌倉幕府批判で逮捕・斬首《ざんしゅ》されかかったとき、刀に雷が落ちたので死罪にならず、佐渡に配流となったとされています。この竜口法難《たつのくちのほうなん》が一二七一年です。なお、現在の神奈川県藤沢市にある竜口寺は、この霊蹟とされています。

この時代のイングランドは、一二一五年にマグナ・カルタが発布されたころです。現在はイギリスの憲法の一部とされていますが、このときには三か月後にローマ教皇インノケンティウス三世に無効宣言されました。理由は「平民が国王に命令するな。命令していいのは俺様だけだ」です。法も何もあったものではありません。

時代が下って、ウェールズ公国ができた一二五八年あたりは、日本では北条時頼《ときより》が執権として鎌倉幕府中興の仁政と呼ばれる政治を行ったころです。幕府のトップである将軍職に皇族が就いたという平和な時代で、民間の訴訟を扱う法が定められ、弱い立場の人々を救済するなどの善政に人気が出ました。この北条時頼ですが、変装して諸国を漫遊するという廻国伝説が生まれたくらいで、『増鏡』や『弘長記』に登場したり、謡曲の物語になったりしています。伝説の解釈には、各地への密使派遣説や北条家の領地拡大説などいろ

佐渡島、ブリテン島の対比年表

西暦	佐渡島	ブリテン島
721年	日本最古の書『古事記』に「大八島国」の国の一つとして「佐度島（さどのしま）」の記述あり	七王国時代と呼ばれているが年代も場所も特定できず
743年	佐渡国を越後国に併合	
752年	佐渡国を再び置く	
877年	佐渡に初めて検非違使1人を置く	
1221年	承久の変により、7月20日に幕府、順徳天皇を佐渡に流す	1215年にマグナ・カルタが発布されるも、3ヵ月後にローマ教皇インノケンティウス3世が無効宣言 ブリテン島は武力抗争がまだまだ続いている時代
1271年	9月12日 幕府、日蓮上人に佐渡流罪を命じる（10月28日に佐渡に到着）	
1272年	宗尊親王・世良田頼を佐渡に流す	
1332年	日野資朝が佐渡で処刑される	
1434年	世阿弥を佐渡に流す	
1542年	鶴子銀山を発見	1707年、スコットランドを合併、1801年、アイルランド併合→現在のイギリスへ
1601年	佐渡金山が発見され天領へ	
1603年	佐渡奉行所が置かれる	

いろありますが、重要なのは、全国の往来が安全にできるくらい統治によって治安が保たれていたから、こういう話が生まれたということです。

ウェールズがイングランドに戦争で負けて、「プリンス・オブ・ウェールズ」の称号を持って行かれたのが一二八二年ですから、ブリテン島は武力抗争がまだまだ続いている時代です。

もっと時代が下って、スコットランドと正式に合併した一七〇七年はと言えば、日本はそれに先立つ一七〇三年に赤穂《あこう》浪士の討ち入りが終わったころになります。元《げん》禄《ろく》文化華やかなバブル経済の絶頂期で、日本はすでに平和ボケしているくらいです。

江戸時代の佐渡島は、一六〇一年に金山が開発されて幕府の天領となっています。金銀という重要資源の産出で栄えました。一六〇〇年代なかばまでに人口は推定で三万人を超え、最盛期には鉱山従事者は十万人にのぼったと言われます。日本最大の金銀山どころか、当時は世界最大級です。産出された金が長崎貿易を通じて海外にも出て行き、ヨーロッパの金相場も変動したといいます。歴史の教科書で、江戸幕府の貨幣鋳造を担った金座・銀座が出てきますが、佐渡島にも小判の鋳造所がありました。国際グローバル資本の拠点で、かつ日銀のようなものでしょうか。

一八〇〇年代には、西洋の新しい技術も取り入れて採掘技術が向上し、江戸時代に匹敵する二度目の最盛期を迎えます。一八六八年に、イギリス人鉱山技師が火薬発破法を伝えています。

一八〇〇年代は日本の歴史区分で近世から近代へ移行する時期ですが、イギリスは一八〇一年にようやくアイルランドの併合を行います。この章の最初に紹介したとおり、一九〇〇年代なかばまで独立問題でモメますが、一つの国に統合されたという点で、この時代になってようやく日本に追いつきました。

国民国家になる前にエンパイアを始める

十五世紀ごろから、ヨーロッパ諸国は通商路を海へ求めていきます。大航海時代です。ポルトガルやスペインが先鞭をつけ、十七世紀なかばまでにはオランダが海外に進出し、海洋覇権を争います。

本書の中でもいくつか紹介している『嘘だらけ～』シリーズでは、各国にまつわる通説に対して、片っ端から事実関係を提示するというスタイルで記述していますが、その一つがこのヨーロッパの海洋進出についてです。前章までにも触れて来ましたが、世界史において文明の中心は東方です。オスマン・トルコ、ペルシャ、ムガール、清といった国々が軒を連ね、ヨーロッパがこれら東方の強国に戦争で勝てるようになるのは十八世紀以降です。交易のための通商路を確保し、陸を回避するために海へ出て行ったのが大航海時代なのです。

イギリスが先行国との覇権争いと植民地獲得に本腰を入れたのが十七世紀初頭からになりますが、スコットランドとの合同でグレート・ブリテン王国が成立したのが十八世紀初頭です。国民国家になる前に、エンパイアを始めました。

その間にも国内では、二度にわたる大革命があります。ここで立憲政治を始めたのは、イギリス人の歴史上最大の発明でした。世界の近代憲法の母国といわれるイギリスの憲法の特色は、統一した憲法典を作らずに運用していることです。それで上手くいっている国は、世界中でイギリスしかありません。日本も当初はイギリス型の憲法を目指す人々がいましたが、同じことはできないと諦《あきら》めて大日本帝国憲法をまとめました。ただ、近代憲法を作る前、つまり帝国議会ができる前から、イギリスの憲法の一部である議会先例集を読んで勉強していたのは、明治の日本人のすごいところです。

イギリスが海洋覇権を握る決定的な転機となったのは、アン女王の時代です。スコットランドと合併する四年前、一七〇三年にポルトガルとメシュエン条約を結びます。通商条約なのですが、ポルトガル側では奢侈《しゃし》禁止令を解除するなど、国内法の変更も伴いました。これを機にポルトガルではイギリス産毛織物が席巻して、独占市場になります。ポルトガルの国内産業が衰退していき、イギリスはポルトガルを植民地ごと自身の勢力圏に取り込んだ形になりました。形式上は相手国の主権を認めながら、実質は従属関係にある地域を非公式帝国と呼びます。

さらに一七〇四年には、スペイン南端のジブラルタルを占領しました。スペイン継承戦争の成果です。ジブラルタル海峡は地中海と大西洋をつなぐ玄関口です。これでヨーロッパの沿岸国は、外洋側で軍港を作ろうとしても、地中海から外洋へ出ようとしても、ロイヤルネイビーに襲われるという状態になります。イギリスの海洋覇権は第一次大戦まで揺るぎません。

アン女王の死後、スチュアート朝からハノーヴァー朝に交代します。今度の王様はドイツから来ました。ハノーヴァー朝初代ジョージ一世（在位一七一四〜二七年）は、スコットランド王とイングランド王を兼ねたジェームズ一世の孫娘の子です。即位前、スペイン継承戦争でハノーヴァー選帝侯として従軍していました。大北方戦争にも興味津々で、イギリスの内政には関心がありません。内政への無関心は、後を継いだジョージ二世（在位一七二七〜一七六〇年）も同様です。

そこで、内政・外交の意思決定の中心が内閣へと移っていきます。時の第一大蔵卿がロバート・ウォルポールです。ジョージ一世のときに南海泡沫《ほうまつ》事件の処理で手腕が認められ、国王の金庫番になりました。この時代に、現在につながるいくつもの慣例ができます。第一大蔵卿が国王不在の大臣会議を取り仕切ることで、現代の首相の役割を担うようになったほか、内政外交の意思決定を行うようになります。ジョージ二世の治世では、一七四一年の総選挙で与党ホイッグ党が負けると、国王の信任があるにもかかわらず二十余年にわたる政権を明け渡し、退陣しました。ウォルポールがどのような政治家だったのかは、小著『嘘だらけの日英近現代史』で詳述しましたが、その重要な功績は国王に対して責任を負うのではなく、現在と同様に議会の信任を得て政権を担う、責任内閣制の最初の例となったことです。

一七四〇年に始まったオーストリア継承戦争の最中に交代した次の政権は、ジョージ二世の寵臣と信任を争っている状態で、戦争指導が一貫しません。それを批判して一躍時の人となったのがウィリアム・ピット（大ピット）でした。辣腕《らつわん》を振るったのは、一七五六年に始まった七年戦争です。オーストリア継承戦争では、オーストリア側に付いたイギリスですが、今回はプロイセン側で参戦します。プロイセンのフリードリッヒ大王が、マリア・テレジアの復讐に備えて、イギリスと中立協定を結んでいたからです。

大ピットの基本方針は、「大陸の戦争では金だけ出して血は流さない」です。プロイセン支援の軍派遣はほんの申し訳程度に、戦費の援助は惜しみなく行いました。その代わり、オーストリアと同盟したフランスの勢力圏である植民地を獲りに行きます。一七五七年にはプラッシーの戦いに勝利しインドを押さえます。次いで一七五九年にはカナダのフランス領ケベックを奪い北米を押さえ、一七六二年にはスペイン領マニラを攻略しました。

この最中に、国王がジョージ三世（在位一七六〇～一八二〇年）に交代します。プロイセンへの莫大な資金援助、遠い植民地での戦費を惜しむ声は、政治家だけでなくジョージ三世からも出ましたが、大ピットは怯《ひる》みません。演説で国民を納得させ、税金を軍へ配分し、軍が戦いに勝って植民地を拡大し、国民が富の配分と軍の勝利に熱狂し納税し、それを軍へ配分し……という、イギリスの憲法の真髄を確立しました。つまり、言論で国民が一つにまとまり、国家の総力を挙げて戦争に勝つという、国民国家イギリスの核心部分です。また、世界中の植民地に派遣されていく実務者には、スコットランド出身の実学を学んだ人々が多数いました。スコットランドの人々は、実務に長《た》けていることを「スコットランド人らしさ」の誇りとしつつ、同時に連合王国臣民としてのアイデンティティを確立していきます。

イギリスの国民意識は、戦争で敵を撃破することと、勝ち取った世界中の植民地に王国の文明――つまり憲法と国際法――を広めること、という二つの軸で確立していったのです。

テリトリーとコロニーを抱える大英帝国の三重構造

海洋覇権を握り、植民地を持った大英帝国の構造は、内政での異ネーションを合併していくのとはまったく異なる論理でできています。異なるネーションを併合した国民国家の本国があり、海外領（テリトリー）があり、搾取対象の植民地（コロニー）があるという三重構造です。

海外領は本国の外にある領土で、イギリスの憲法が適用される地域です。第四章で述べたアメリカが独立戦争を始める前、ボストン茶会事件を「本国の立法権に対する反乱」とされたのはこのためです。ちなみに、北米では現在のカナダとアメリカ東海岸は、イギリス本国の人々が入植していったところですが、善良な人間はカナダに行き、落ちこぼれがアメリカに行ったと言われるのだとか。

イギリスの憲法は、植民地には適用されません。植民地にはそもそも近代法自体がなかったくらいです。海外領と植民地の違いは、本国からの物理的な距離とともに、イギリスの憲法が適用されている地域か否かになります。

二十世紀に入ると、カナダ、オーストラリア、ニュージーランド、南アフリカ、アイルランドは自治権が認められていき、植民地から本国の外にある領土（テリトリー）になりました。カナダやオーストラリアは、現在では事実上、完全な独立国ですが、国家元首はエリザベス女王です。連邦首脳による会議もあります。最近の話題であれば、二〇一二年にエリザベス女王の在位六十年の祝賀行事がありました。テムズ川の水上パレードが行事の目玉の一つで、世界中の英連邦から集まった船がパレードに参加しています。

ほかにも例を挙げるならば、わかりやすいのはカナダの例です。統治機構を定めた一八六七年のイギリス領北アメリカ法で自治領になりましたが、改正権限はイギリス議会が持

大英帝国の三重構造

ネーションステート	イングランド、ウェールズ、スコットランド、北アイルランド
テリトリー	カナダ、オーストラリア、ニュージーランド、南アフリカ、アイルランド他
コロニー	インド、ジャワ島、マレー半島、香港他

っていました。改正が必要なときには、カナダ議会から改正要請を出すという手続きになっています。一九八二年の憲法法で改廃権がイギリス議会から完全に移管されるまで、百年以上にわたって二十三回の改正要請が出されました。

アメリカの反乱による独立以後は、アジアに目が向けられます。インドやジャワ島（現在のインドネシアの島の一つ）、マレー半島などは、イギリスの憲法が適用されない植民地です。アヘン戦争後に清から獲得した香港も同様です。直轄領で、さも民主主義をやったように喧伝《けんでん》されていますが、百五十五年にわたるイギリス統治のうち、選挙が実施されたのは返還直前の十年間だけです。

以上のような三重構造が大英帝国の全体像です。第一次世界大戦後、英連邦と呼ばれるようになりました。

大英帝国の成立と終焉《しゅうえん》の具体的な年号は、研究者によって定義が異なることがありますが、十八世紀から十九世紀が絶頂期なのは間違いありません。特に一八一五年、ナポレオン戦争が最終的に決着して以降のイギリスは、超大国になりました。アジアでも植民地のほか、事実上イギリスの保護国となった勢力圏ができます。右で書いた三重構造が公式帝国、タイなどの主権はあっても政治的・軍事的に逆らえないという国は、先に出て来たポルトガルと同様の非公式帝国です。

また、同盟国も非公式帝国に含まれます。日英同盟にしても、大英帝国から見た日本は、当初は清や朝鮮に言うことを聞かせるための中間管理職にすぎません。後に日本が強くなりすぎて、非公式帝国の枠に収まらなくなりました。傀儡国家のベルギーや、清の租借地、鉱山権益のあるアフリカ、スエズ運河のあるエジプトなど、戦略的・経済的に重要な地域はすべて非公式帝国です。

非公式帝国というのは、イギリス発祥の近代経済学の賜物です。なぜなら、植民地よりも合理的な搾取の方法を考えたのが近代経済学だからです。

世界中に植民地を獲得していった大英帝国ですが、植民地に関する政策方針には議論がありました。主な論点は「植民地は儲かるのかどうか」です。結論からいけば、植民地は儲かりません。維持するにも、他国との勢力圏争いにも、また国内産業の保護にも莫大なコストがかかるからです。

産業革命の前後で、国内産業も大きく変わります。商品経済の発展にともなって、輸出奨励による国富の蓄積に軸足を移し、植民地経営が軌道に乗ると、植民地で生産された製品が国内産業を圧迫しないための保護と、独占会社による貿易の自由とが政策の対立軸になっていきます。いずれにしても、貿易の交通路である海運を本国が独占していることが前提になります。

一七七六年にアダム・スミスが『国富論』を発表すると、交易路の軍事的な優勢を維持する政府の役割を重要だとしながら、交易自体は市場に任せれば生産行為自体が社会の富・利益になると説き、貿易会社の独占権保護といった政府の関与が批判されるようになりました。

では、なぜ植民地を持つのか。理由は三つです。一つは、その地域を敵に渡したくないという安全保障上の理由です。次にプライドの問題です。特に大ピットが築いた大英帝国の基礎は、ネーション・ステートとしての大英帝国の核心です。そして最後に、一部特権商人の利益保護です。彼らは有権者すなわち納税者だからです。

この考え方を「大英国主義」といいました。一八六〇年代であれば、保守党のディズレーリの路線です。これに対して、自由党のグラッドストーンの方針は「小英国主義」と呼ばれます。要点は、コストの高くつく植民地ではなく、独立国として扱いながら政治体制に食い込んで、イギリスに逆らえないようにしたほうが儲かる、ということです。自分を奴隷だと思わせるよりも、自由民だと思わせておいたほうが、コストがかからないからです。このような政策上の考え方の違いはイギリスに限ったことではありません。ドイツであればヴィルヘルム二世が前者で、ビスマルクが後者です。

十九世紀末から二十世紀初頭に、二度にわたって南アフリカでイギリスと現地人の間に行われたボーア戦争は典型です。南アフリカのボーア人の部族にゲリラ戦で抵抗され、軍の戦力が消耗したわりに、併合による植民地経営が上手くいかなかったからです。一八八〇年十月の第一次ボーア戦争ではイギリス軍が敗北し、ディズレーリが求心力を失った原因の一つになりました。

大英帝国の崩壊

ここまで見て来た大英帝国の三重構造が崩れていくのが、第一次世界大戦以後の一九一九年からです。イギリスはフランスとともに大戦の戦勝国ですが、軍も経済も疲弊しきっていました。第一次世界大戦が始まった一九一四年、関係国が見込んでいた短期決戦で収拾せず、四年間もヨーロッパ全土での戦争になったこと、しかも相手の総力を潰しに行く総力戦になったことが原因です。

莫大な戦費をアメリカから借りたことで、アメリカが台頭します。しかも、当初は味方側で参戦したロシアが革命により消滅し、ソ連という共産主義の脅威が誕生しています。そしてしばらくすると、瀕死《ひんし》だったドイツがナチスの経済政策により復活してきます。

第一次大戦前後の政治家で有名なのがウィンストン・チャーチルです。十八世紀初頭のスペイン継承戦争で戦功を立てたマールバラ公の子孫で、本人も軍人出身です。キューバやインドの反乱軍鎮圧に参加し、ボーア戦争の従軍体験記で有名になりました。

第一次大戦前後から重要閣僚を歴任し、陸海空相や植民地相も務め、第二次大戦では首相になっています。ボーア戦争当時、捕虜収容所から大脱出をやり英雄になりましたが、戦争には滅法弱い人です。第一次大戦で英仏連合軍によるガリポリ上陸作戦では、トルコ軍の強さを見誤って負け、下野したどころか議席を失っていますし、第二次世界大戦ではエジプトのスエズ以東からの全面撤退に追い込まれました。アジア方面では大日本帝国に連戦連敗です。

同時期によく比較されるネヴィル・チェンバレンが対ナチス・ドイツ宥和をやったので、第二次世界大戦の勃発を招いたと批判され、ナチス・ドイツと戦ったチャーチルが高く評価されがちですが、一面的な見方です。チャーチルは英仏ソの連合でナチス・ドイツと戦う路線です。一方のチェンバレンは、第一次大戦後のドイツ台頭を警戒しつつも、同時にソ連が敵であることがわかっていて、ドイツ・イタリアとの戦争回避に努めました。当時アメリカのせいで切れてしまった日英の再同盟を模索していた人です。チェンバレンは大英帝国の経済的な命綱だったインドの植民地統治も、自治的なものに変更しようとしていたのですが、これに強硬に反対したのもチャーチルです。

日英同盟が切れてしまったのは日英ともに愚かなことでした。日英同盟の継続に関して、イギリスの海外領であるオーストラリアとカナダが激論を交わしていたことは、あまり知られていません。そのときはカナダがアメリカを重視し、オーストラリアが大日本帝国を怖がって同盟継続を主張しています。同盟が切れてしまった後も、イギリスは何とかもう一度組めないかと努力をしていました。日本が国際連盟を脱退するときにも、最後まで庇《かば》ってくれたのは、タイ以外にもイギリスとカナダがいました。

二二一頁の大英帝国の三重構造の図を思い出していただくと、チャーチルが戦争目的を見誤った結果、イギリスはブリテン島、つまり一段目の本国だけを残して、他のすべてを失ったのです。インド洋のディエゴ・ガルシア島はイギリスの手元にかろうじて残った版図で、第二次世界大戦後、中東に対する重要な戦略拠点となっています。アメリカに貸し出して恩を着せまくるあたりは、さすがイギリスのしぶとさです。

勝利によって国をまとめるのが政治の方法論

ブリテン島と北アイルランドに押し込められたイギリスは、長い停滞期に入ります。

大英帝国絶頂期の外交方針は、フランスとドイツを常に反目させておくことで、余計な野心を抱かせないというやり方です。傀儡国家であるベルギーは、そのために作りました。ところが、フランスとドイツがヨーロッパ経済共同体（EEC）を作ります。しかも、その目的の一つは、伝統的な仏独間の対立の解消です。他には、経済の復興と、第二次世界大戦後に二大国となったアメリカとソ連への発言力確保が目的でした。

これがヨーロッパ共同体（EC）への統合を経て、現在の欧州連合（EU）の原型となりますが、EECができたときのイギリスは、まだ「ヨーロッパは孤立している」と言ってのける気概がありました。

大英帝国の消滅によって、国際的な立ち位置が振り出しに戻った状態のイギリスは、アメリカと同じアングロ・サクソンの枠と、欧州という枠組みの両方に被る要素を持った国です。

ここで注意しておきたいのは、イギリス人の自国と領域との関係認識です。イギリス人は、基本的に「Britain with Europe」（イギリス〝と〟ヨーロッパ）と考えます。本来の島国根性です。

日本人やオーストラリア人のような「Japan（Australia）within Asia」（日本、アジア〝の中の〟）というのは、はっきり言えば「流刑地根性」です。太平洋地域の国で「自分たちはアジア人か？」と悩むのは、日本とオーストラリアだけだそうです。その歴史的な経緯から、地域とのアイデンティティが違いすぎるというのがオーストラリアだとしたら、日本の場合はアイデンティティの境目がはっきりせず曖昧《あいまい》すぎるのです。現在の日本のような認識を「島国根性」だなどと呼ぶのは、イギリスの島国根性からすれば、夜郎自大《やろうじだい》でしかありません。

イギリスは、イギリス病と呼ばれた長い経済不振に陥ります。しかし、アメリカとヨーロッパの両方を引きずり回すくらいのつもりの人が出てきます。このときに、すっかり弱ってしまった国民国家を取り戻そうと立ち上がったのがマーガレット・サッチャーでした。

第二次世界大戦以降、労働党に負け続けた保守党を立て直し、経済復興を遂げた日本やドイツに学べと言われた時代に、「大英帝国に学べ」と自国の絶頂期であるビクトリア朝時代を振り返りました。国内政局で勝ち、フォークランド紛争で勝ち、冷戦で勝って、内外の政争に勝つことで立て直します。冷戦後に東西ドイツ統一を実現したヘルムート・コール首相と、サッチャーがお互いに非常に仲が悪かったのは語り草になっていますが、サッチャーはドイツの超大国化を警戒したと言われます。実際に武力を使った戦争ではなくても、勝利によって国がまとまっていく、政治はそのための方法論であるというのがイギリスの国民意識なのです。

サッチャーが立て直した国民国家イギリスを破壊の方向へ振り向けたのが、一九九七年に首相になったトニー・ブレアです。

ブレアはスコットランドのエジンバラ生まれで、労働党から出た政治家です。従来の労働党が持っていた社会主義色の強い政策の廃棄を謳い、「新しい労働党」を掲げました。国内政策では、スコットランドやウェールズの自治権拡大と、貴族院改革で知られます。対外的には、保守党よりも欧州統合に積極的でした。北アイルランドの問題は、ブレア政権成立の少し前から武装解除と和平の方向へ進んでいたものを妥結させます。

ブレア政権は、憲法の破壊にも積極的です。イギリスの貴族院改革を通じて、歴史的にイギリスの憲法秩序を担ってきた貴族院から、重要な機能を切り離し、権限を縮小してしまいました。

序章でのネーション・ステートの定義を振り返っていただくと、内においては国家解体、外においては超国家統合を指向していることがわかるでしょうか。

国民国家の解体の岐路に立つイギリス

二〇一四年には、スコットランドの独立をめぐる住民投票が行われました。これは、にわかに行われたことではなく、ブレアが始めたことの結果です。ブレア政権は一九九七年から二〇〇七年までの十年間ですが、政権が成立して早々に行ったのが、スコットランド議会の創設です。単なる地方議会の設立ではなく、独立を住民投票で決めてよいという権限を与えたのです。これにより、スコットランド議会で議席を伸ばしたのが、独立を主張するスコットランド民族党（SNP）なのですから笑えません。

高橋哲雄氏は、前掲の『スコットランド 歴史を歩く』の中で、十八世紀の議会の合同を結婚にたとえ、合邦発効の一七〇七年五月一日、エジンバラのセント・ジャイルズ大教会の鐘がスコットランドの民謡「How can I be sad upon my wedding day（結婚の日というのに、どうしてこうも悲しいのだろう）」の旋律を打ち鳴らしたエピソードを紹介しています（前掲『スコットランド 歴史を歩く』八六頁）。そのたとえでいけば、現在の状態は家庭内別居で、離婚の決定権を妻だけが握っているというところでしょうか。

つまり、住民投票による国家体制の決定は、本来決定する主体である議会の権限を放棄するという意味なのです。ブレア政権の後、保守党のデービッド・キャメロンが首相になったときに、スコットランド独立を問う住民投票が実施され、さらに自治権の拡大を約束することで独立を食い止めるという体たらくになりました。

さらに、キャメロン政権ではEU離脱の問題が発生します。キャメロン政権発足時、二〇一〇年の総選挙では、キャメロン率いる保守党は第一党にはなったものの、単独で議席の過半数を獲得することができませんでした。

イギリスの憲法では、単独過半数を持つ政党がない状態を「Situation near the revolution」といいます。王様が次の首相決定に介入できる状態で、歴史上はジョージ五世のときに起こった一九三一年の事例が代表的です。世界恐慌下での経済政策をめぐる政党対立で、国王が収拾して挙国内閣が成立したのですが、労働党から出たマクドナルド首相が、労働党内からの支持も失って辞意を表明した首相を続投させ、野党との調整を行いました。このときのジョージ五世が果たした役割は、「非立憲（unconstitutional）」ではないかという議論になりました。事例の研究は、ヴァーノン・ボグダナー『英国の立憲君主政』（小室輝久ほか共訳、木鐸社、二〇〇三年）、国王がどのように役割を果たしたのかについては、歴史学者の君塚直隆『女王陛下の影法師』（筑摩書房、二〇〇七年）で詳述されています。

単独過半数を持つ政党がないということは、選挙民が総理大臣を決めることができない状態です。キャメロン政権も、第三党の自由党と連立を組んで発足しました。イギリスの憲法においては、望ましい状態ではありません。これが解消されるのが二〇一五年の総選挙です。

選挙の結果、保守党は単独過半数を獲得しましたが、キャメロンはこの総選挙で、EU離脱を巡って国民投票に委ねるという約束をしてしまいました。折しもイスラム武装集団によるテロと、中東からの難民流入で国民の不安が高まっていた時期です。国民投票を約束したのは、EU残留でのさらなる難民・移民流入の不安に応えるためだといわれています。本来のイギリスの憲法に則れば、EU残留か離脱かは、選挙で争えばよかったのです。

イギリスの国政の仕組みは、歴史を通じて庶民院が方針を決め、貴族院が細かな技術論を検討するという役割分担ができています。キャメロン政権の後、メイ政権が成立するときには「選挙で決める」という慣例が復旧しましたが、具体的な方法は貴族院に修正してもらっています。キャメロンがやったのは、国家の命運を決める庶民院の決定権を国民に渡してしまったという、イギリス憲政史に残る失敗なのでした。

第七章　七世紀には国民国家だった日本

古代に憲法を確立していた日本

ここまでの間に、国民国家の典型とされるフランス、その対極の最も遠いところから中国・韓国、ロシア、アメリカ、ドイツ、イギリスと国の成り立ちや、その国の国体は何か、どのような国史か、国語は何か、国土はどのようであるかを述べてきました。その最後は我が国、日本です。

日本の国体は、皇室です。

日本の歴史を示す史料に『古事記』『日本書紀』があります。

『古事記』には上巻・中巻・下巻の三巻があり、上巻の「神代編」は、神話であり、フィクションが混ざっていることを堂々と記しています。皇室はこの神話を先例にしたことはありません。中巻の「人代編」は、初代神武天皇から第十五代応神天皇の時代を書いたものですが、本当かどうかわからないが「語り継がれてきているという事実」を伝えるものです。下巻も「人代編」で、十六代仁徳天皇以降の歴史となっています。

この『古事記』や『日本書紀』の記述が真実であるかどうかを問題にする人は非常に多いのですが、大事なことは、これらの史料が伝えているのはどういうことか？　です。

第二十五代の武烈天皇は非道の悪の限りを尽くして殺されますが、その後継者の継体天皇は、武烈天皇からは離れた皇室の血筋の人です。血筋が遠かろうが近かろうが、皇室の縦の糸をつなぐ「万世一系」が確立していることがわかるのです。一説には、継体天皇の正当性を高めるために武烈天皇の非道さをことさら書き記しているという説もありますが、そうであるなら、なぜ武烈天皇を倒した貴族たちの誰もが皇位に就かず、血筋の遠い継体天皇を次の天皇にしたのか、継体天皇の代になっても平定が滞った事実を残したのはなぜなのか。私はそちらのほうが不自然だと考えます。今私たちが見ることができる史料になったのは、後世のことであり、事実を証明しろと言われても難しいけれども、歴史というものに誠実に向き合おうとしている古代人の姿勢を見ることができます。こういう律儀さは、他の国ではほとんど見ません。

中国では「禅譲」が伝統と言われています。天命によって「徳がある者」に帝位を譲り、王朝を変えるという考え方ですが、第二章で述べたように、この場合の「徳がある」は、あらゆる意味で力があるということであり、それがあれば異民族、異国の人間でも帝位に就けるということです。しかし、日本では継体天皇の前にも後にも、「皇族」が「万世一系」で皇位を継ぐことが国柄である、そういう慣習が確立されている、これを今の言葉で表すと、憲法になっているということです。

六〇七年、聖徳太子は隋の煬帝に「日出處天子書日没處天子無恙（日出る処の天子、書を、日没する処の天子に致す。恙《つつが》なきや）」という書簡を送っていますが、この素敵なラブレターの話からくみ取るべきは、この時期に日本が隋と対等の立場に立ったということ、ウェストファリア体制が確立しているということです。「あなたは皇帝、私は天皇、お互い天子同士仲良くしましょう」です。しかし、日本の歴史学界の人は、隋のほうは認めてないぞ！　とムキになります。この人たちは外交というものをわかっていません。一方的に宣言して否定できないということは、認めていると受け取ってよいのです。

教科書に書いてあることだけを見ても、日本の地位は「漢書地理志」の時代から、どんどん地位が上がっています。日本史の授業で覚えさせられた人も多いと思いますが、「漢書地理志」、「後漢書東夷伝」、「魏志倭人伝」、「宋書倭国伝」、「隋書倭国伝」のうち、四つ目の「宋書倭国伝」までで朝鮮を優越してしまいます。

古代朝鮮の南部は日本領でしたから、朝鮮半島を治めるうえで、日本がコリアの上であることをチャイナに認めさせればよいという政治的な判断があります。「夷を以て夷を制す」は何もチャイナだけの専売特許ではないのです。

愚かな「聖徳太子不在説」

近年、古代史の専門家である大山誠一氏が「聖徳太子不在説」を唱えています。美術史家からの反論に対しても、「聖徳太子の実在性を示す史料を提示した人もいない」「頑なな迷信とそれにもとづく感情的な反発だけ」（大山誠一編『日本書紀の謎と聖徳太子』平凡社、二〇一一年、大山誠一著の序論、七頁）と述べています。が、この表現自体が感情的な反発に他なりません。

必死で聖徳太子の存在を否定したい歴史学界の人はいったいどこを向いているのでしょうか。もちろん、「一度に十人の話を聞き分けた」とか、「生まれてすぐに七歩歩いた」式の〝聖徳太子伝説〟が史実だなどと主張する人は一人もいません。しかし、厩所皇子《うまやど》の実在は大山氏も含めて認めています。大山氏は、「厩所皇子は実在したが、聖徳太子は実在しなかった」と主張していますが、ならば「ジョージ・ワシントンは実在したが、アメリカ合衆国初代大統領ジョージ・ワシントンは実在しなかった」と同時に主張してもらいましょう。理由は、第四章のとおりです。大山氏の理屈が正しければ、通るのであれば、北条早雲《そううん》不在説も通ります。「伊勢新九郎は実在したが、北条早雲は実在しなかった」とでも言うのでしょうか。

はっきり言いますが、大山誠一が唱えた聖徳太子不在説は論破されています。

史料が少ない古代史や中世史で近代史のような「絶対確実な事実」だけを厳選すれば、桶狭間《おけはざま》の戦いや川中島の戦いなど数行で終了です。前近現代史は、絶対ではないけれども五〜九割の可能性の事実の積み重ねです。極めて仮説性が高い学問なのです。

聖徳太子不在説など、学問の何たるかを心得ない不届き者の詭弁《きべん》にすぎません。

では、死後千四百年もたって、なぜ聖徳太子は目の敵にされるのでしょうか。中華帝国に対して主権国家としての立場を堂々と主張し認めさせた（少なくとも隋は否定できなかった）からであり、国民国家日本の礎を築いた偉大な人物だからです。

神道とあらゆる仏教宗派が一致できる点が、「聖徳太子は偉い」です。太子の時代に蘇《そ》我《が》・物部《もののべ》の神仏の抗争がありましたが、外国のような宗教戦争にはなりませんでした。日本は七世紀に宗教問題を解決した稀有《けう》な国です。だから、難なく「国民」としてまとまれるのです。

二〇一七年二月には「聖徳太子」の名前が教科書から消えるのではないかという騒ぎがありました。また、「北京の中国歴史博物館には、阿倍仲麻呂《あべのなかまろ》や鑑真和上《がんじんわじょう》、そして空海《くうかい》の事績は示されているにもかかわらず、中国と日本の外交関係の立役者である聖徳太子の事績が一切展示されていません。その理由をある人が博物館関係者に聞いたところ、「太子が皇室の出身だからだ」という答えが返って来たそうです。皇室は日中戦争の侵略者である日本の象徴だから展示できないというのです。このように、中国でも、すでに政治的な意図から聖徳太子は抹殺されている」とのことです（田中英道『聖徳太子　本当は何がすごいのか』（扶桑社ＢＯＯＫＳ）。

第二次世界大戦で敗戦したとき、連合国軍のアメリカやソ連が考えたことも、皇室を潰すことでした。ヨーロッパが三十年の歳月をかけて、国の三分の一近い人を殺し尽くしてもなしえなかった宗教戦争をしなくても、聖徳太子は神道と仏教の両方から敬われました。同じ神を信仰しているのに、派閥争いでおびただしい血を流してきた白人たちには、理解できないとんでもない敵に思えたのでしょう。

二〇一六年八月八日、今上天皇が三度目となる玉音放送でお言葉を述べられました。その内容については他で述べているので割愛しますが、古代の、いつ始まったかわからないけれども、今に続く皇室と、二〇一八年の現在を生きている日本国民との「絆《きずな》」は、微動だにしませんでした。日本の国体が皇室である、ということを示す何よりの証拠です。

「国民国家」日本の誕生

大和朝廷が成立する前、四世紀から古墳が全国各地に作られており、最南端は鹿児島県にある塚崎古墳群、最北端は岩手県の角塚古墳で、いずれも五世紀ころにはその範囲が日本だったのであろうと考えられています。ちなみに平安時代前半に作られたと推定される北海道江別古墳群が最北端です。

言うまでもなく、日本は海が境界線となるのですが、当時から日本に最も近い外国は朝鮮半島でした。対馬には六世紀に古墳が作られており、ここまでは確実に日本という認識であったことがわかります。朝鮮半島は対馬から泳いで渡れる距離なので、古代からすでに安全保障上の要所でした。日本が朝鮮半島に「任那《みまな》」という名の統治機構を置いていたことは、日本以外の中国の歴史書にも記録されていますし、遺跡からは、新潟県糸魚川《いといがわ》産の翡翠《ひすい》（硬玉）の勾玉《まがたま》が出土しています。

そのころ、日本は朝鮮半島にあった百済を傀儡化していたのですが、では、そのときに日本ネーションと百済ネーションとがあって、百済ネーションにいる日本人がどちらのネーションを選ぶかと言えば、明らかに日本ネーションです。その時代には、今のような概念自体がないし、調査もできませんが、日本人が朝鮮人と同じ同胞意識を持っていたとは思いません。日朝同祖論とか、日朝同一ネーション説とかいう話は、それを証明してから言っていただきたいものです。それよりは、そもそも、新羅に滅ぼされてしまった百済は、ネーションではなくエスニックとの議論のほうが有益です。誰か暇な人がやってくれるなら。

六六三年の「白村江の戦い」は、滅びた百済を復興させるという無茶な戦争目的で行われました。結論としては、負け戦でしたが、負けたこと以上に重要なことがあります。

負けた後、大和朝廷は今の福岡県太宰府《だざいふ》市に水城《みずき》を築き、防人《さきもり》を動員しました。この水城を築いた意味は、軍事的なものであると同時に、ここから先に来るなという排他的な意識が生まれたことです。われわれはチャイナ・コリアではなく日本人だという排他的な意識が生まれるわけです。そして、防人には、当時、日本の東端の超ド田舎だった茨城、群馬、武蔵など関東から人を動員しているのです。これは、国民軍です。白村江の戦いの敗戦は、武蔵の人だろうが、茨城の人だろうが、同じ日本人だという意識を生みました。ヨーロッパがこの段階に行きつくには、二百年という歳月と、用兵の天才であるナポレオンの出現を待たなければならないのに、七世紀のうちに、国民国家がほぼ完成してしまいました。ノンキな国になるわけです。

東北は別の民族だ、という議論もありますが、明らかに違います。ネーションとエスニックの違いを踏まえて考えるべきです。奥州征伐というものがありましたが、奥州藤原氏は朝廷から広範な自治権を認められているくらいの話であって、独立国家ではありません。ネーションとは、主権国家としての意思と能力があるものを言います。その意味で、七世紀ころの日本には、国内に大和ネーションとしてまとまっている人たちに対抗するネーションはなく、きれいに国民国家にまとまっていくのです。

蝦夷や熊襲もエスニックであって、ネーションではありません。実は、出雲の国譲りや、神武東征の時点で大和ネーションはできあがっています。しかも、いつ大和ネーションができたか、神話の時代までさかのぼらないとわからないくらい古い。アメリカやフランスのように、建国記念日が日付まで特定できるというのは、偉くも何ともありません。特定できるものをざっと挙げてみるとわかります。中華人民共和国建国、フランス革命、アメリカ独立革命、ワイマール共和国、ユーゴスラビア。ろくなことがありません。日本は始まりを特定できないくらい古い国だということを、立派なことなのだと胸を張ってよいのです。

その後、歴代中華帝国も、コリアも、日本に一歩も踏み入れることはできません。次に異民族が日本を襲うのは十三世紀になってからです。一二七四年の文永の役、一二八一年の弘安の役です。元は、ユーラシア全部が俺の国と言わんばかりに降伏を要求してきましたが、北条時宗は無視し使者を叩き斬《き》ります。これは、正しいのは時宗です。日本列島は日本人だけのものだ！　これが正しい島国根性です。これも、明確な排他的支配であり、国土と国民を守るという原始の国際法であるローマ法の精神と何ら変わるところはありません。

琉球は誰のものか？

私は『基礎教養　日本史の英雄』（おかべたかしとの共著、扶桑社、二〇一六年）を書いたときに、織田信長を外して足利義教《よしのり》を入れました。義教は室町幕府第六代将軍で、青森県から沖縄県までを統一して、「リアル天下布武」を初めて成し遂げた人です。私が義教を信長以上に評価している理由は、琉球を日本にしたことです。義教が島津忠国に琉球を褒美に与えるという「嘉吉《かきつ》元年御教書《みぎょうしょ》」があり、後の江戸時代の島津の琉球侵攻も、明治の琉球侵攻のときも、琉球は日本のものだという根拠になります。それなのに、「琉球は別の国」というのを認めないと、学界では抹殺されます。

何度でも言いますが、「琉球は日本ではない」、「琉球は別の民族だ」と言う人たちは、琉球がエスニックだとまでは言えても、ネーションだという証明ができません。仮に日本と別の民族だという証明ができたところで、中華帝国の支配下に入ったということを何一つ立証してない。冊封《さくほう》されていると言っているだけなのです。

ここで、朝貢《ちょうこう》と冊封の違いを説明しておきましょう。

朝貢というのは、王が送った「使者」が皇帝に頭を下げるものです。これは外交ではなく、貿易です。商人でもやることです。かたや冊封とは、王が皇帝に頭を下げるものです。ただ、それで冊封した皇帝の所有物になるという話ではありません。外交儀礼（プロトコール）として屈辱的かどうかであって、中華人民共和国や中華民国が領有権を主張する根拠にはまったくならないのです。では、何のためにそれを言うのか。こんなことを言う奴は、言うまでもなくバカかスパイです。スパイではないバカもいますが、「バカな」スパイも大量に混ざっています。中国人だって歴史学界に優秀な人間を送り込むほど暇ではないので、他で使えない無能なスパイが大量に日本の歴史学界にいます。

よく、沖縄の二大新聞「琉球新報」「沖縄タイムス」がひどいというのですが、そこで書かれている内容というのは歴史学界の学会誌と同じです。歴史学界が言っていることを沖縄の二大新聞が書いているだけなのです。両者は、いわゆるズブズブの関係です。歴史学界のメンバーや、沖縄の日教組関係者が沖縄で講演をし、それを記者が記事にするというパターンがあり、全員がグルです。沖縄の歴史問題はこういう厄介さがあります。もちろん、こんなものは単なるプロパガンダであって、学問ではありません。

アイヌの人たちのことも、松前藩が搾取した、逆に騙《だま》されていたと諸説あります。しかし、このアイヌがネーションであったという事実はありません。琉球の立場に立てば、島津に侵攻されて併合したというのは喜べる話ではないでしょう。しかし、この時代は戦国時代であり、侵攻する、侵攻されるは本土でも起きていた話です。世界的に見ても一九二八年の不戦条約以前に、侵略した奴が悪いという価値観は世界にもありません。時間軸を都合の良いようにずらした議論で、琉球は大和民族に無理やり侵略されたんだとか言われても困ります。

私の最後の学界発表なのですが、日本法政学会で「明治初年の国境確定」というテーマで発表をしました。そのとき、とある教授から、「琉球は別の国だというのが学界の大勢だ！」と言われました。しかし、大勢だから正しいということではありません。そこで、琉球は別の国だと言う根拠を求めたのですが、私が納得するようなものは何一つ出てきませんでした。どんなに研究を蓄積されていても、それが根拠として使えなければ、意味がありません。学界の人間がいかに根拠なくモノを言っているか。

申し訳ないが、バカが多数決をやっても、学問ではありません。

「国民国家は悪だ！」と騒ぐ人たち

明治初期に列強がやってきたときに、幕府が何をやったいろんなことの中の一つが国境確定です。

まず、小笠原ですが、ペリーが領有宣言した瞬間、イギリスとロシアが同時に抗議して、ペリーはなかったことにします。当時のアメリカは新興国なので、イギリスやロシアのような大国に抗議されたら引き下がるしかありません。そのときに、江戸幕府が先に調査に行って、標木も立てている、先占の法則に従って我が国のものだと主張します。イギリスもロシアも、さほど欲しいと思っていたわけでもないので折れてくれましたが、明治以降、揉めるのは日本と清との間です。

地政学的に言うと、アクター（プレイヤー）は日本と清です。イシュー（争点）かつシアター（場）が琉球と朝鮮です。朝鮮も琉球もアクターではありません。シアター（場）に発言権はありません。実は、今の日本がまさにそれです。

明治期、廃藩置県は本土から行われたため、琉球が沖縄県になるのにタイムラグが生じます。そこで清側が抗議してきたので、外交交渉をしています。そこで台湾は清のもの、琉球は日本のものということで決着させようとするのですが、清側の李鴻章《りこうしょう》が納得しません。そこで、宮古・八重山を譲渡するという話になりましたが、正式調印に至らなかったので、宮古・八重山は日本のままです。かわいそうなのは、そこで外交交渉に利用された宮古・八重山のほうです。

ただ、当時は国境不可侵の原則はありません。力ずくで奪い返してしまえば自分のものです。実際、そうやって東南アジアまでは列強のものにされて行っている時代です。武力で宮古・八重山はもちろん、琉球、台湾まで奪っても誰にも文句を言われるはずがない時代です。

そういうときに、台湾で沖縄の漂流民が台湾人に殺害される事件が起きました。明治政府は清に対し、台湾が清のものだというなら責任を取れと迫ります。この件には、わざわざ大久保利通が北京に直接乗り込みます。ロシアに対し、ロシア人がアイヌ人女性を暴行して殺害した責任を取らせた榎本武揚《たけあき》と同じことです。この榎本の話は、本書で十一回目の紹介になりますが、何度強調してもよい話です。大久保にしても、榎本にしても、我が国の国民に対して、外国が何かしたら責任を取れと交渉する。これが本当の意味での国民国家の完成形です。

清は台湾を「化外《けがい》の地（中華文明、清朝の権力の及ばない、野蛮の土地、という意味）」であると言い逃れました。大久保は、清朝に、日本側が台湾の殺害犯を処罰することを承諾させ、実行に移します。これを国際法の言葉で「復仇《ふっきゅう》」と言います。当然の権利です。

これを現代に置き換えるなら、北朝鮮に拉致されている拉致被害者を取り戻しに行かない今の日本は、国民国家なのか、それ以前に主権国家なのかという話なのです。

ところが、歴史学界のみなさんは「国民国家は悪だ！」と言って非難します。ヒステリーの集まりだから会話ができないのですが。

琉球のような独立した民族を、国だったものを、明治新政府が力ずくで併合したと言うのです。もし、琉球が本当に独立した「国」であるならば、明治新政府だろうが、何であろうが、抵抗して勝たなければネーションではないのです。それができないということは、ネーションとは言えないし、ネーションと言えないことを証明していることです。国民国家というのは、国の外にいる国民が権利を侵害されたら、国家の総力を挙げて守るものなのです。台湾の事件というのは、国民国家として当然果たすべき義務を果たしただけです。どういうわけか、そのことについて歴史学界は一人もそのことを言いません。なぜか。言ったら殺されるからです。物理的な攻撃以外は何でもありです。×××（自主規制）が真人間に見える世界です。本当に恐ろしい世界です。

お気づきでしょうか。今、言ったことは、ファシズムのナチスやスターリン、毛沢東がやったことと同じです。歴史学界が国民国家を否定するのは、ファシズムが好きだからです。でなければ、彼らの真似をこんな忠実にやりません。ファシズムとは国民国家、国家主義の否定であり、両立は不可能です。

丸山真男は、戦前の日本は「ファシズム」で「超国家主義」だと言っていましたが、それはファシズムと国家主義が両立しないのをわかっているからそう言っただけです。普通の国家主義と超国家主義、どう違うかという定義はどこにもないですし、ファシズムの定義もどこにもない。だから、丸山真男の超国家主義というのは、渋谷の女子高生が「超カッコいい～」というのと同じです。所詮、丸山真男など「チョベリバ」政治学です。今や、誰とは言いませんが、本当の学者でなくても京都大学の教授になれる時代です。いい加減、権威主義に反旗を翻すべきだと私は思います。国民国家をファシズムだと批判するならば、まず己のファシズムを糺《ただ》すのが先です。

不平等の意味がわかっていない歴史学界

少し時代が戻って、一五九二年に豊臣秀吉が朝鮮出兵したと伝わっているのは、実は違います。正しくは「唐陣」「唐入り」です。唐とは中国のことで、当時の目的地は「明」でした。まず、秀吉は国書で朝鮮に対して「征明嚮導《せいみんきょうどう》」を求めます。明に攻め入る先導をさせようとしたのです。秀吉にとって、朝鮮国王は自分の下の存在でした。

その後、明治時代へ移り、一八七六年に日本が李氏朝鮮と結んだ日朝修好条規という条約があります。これを、自分たちが欧米列強に結ばされた不平等条約を朝鮮に押し付けたではないか、という批判があります。

では、ここで日本が清の属国の朝鮮と平等の条約を結んだらどうなるでしょうか。清に喧嘩《けんか》を売っていることになります。それでよかったんでしょうか？　と尋ねても、歴史学界のみなさんは、誰も答えられません。そのくせ、「そんなものは歴史学じゃない！」などと言われるので、つける薬がありません。

一八九四年、日清戦争に勝った日本は、台湾と澎湖《ぼうこ》列島を取りました。日清戦争に勝って、国民国家として完成した日本は、初めて、台湾に対してエンパイアになっていきます。のんきな国が、大英帝国みたいな道を歩み始めました。そもそも東アジア自体は、少なくとも日本に関しては海を隔てているので、聖徳太子以来、のんきな国民国家でいることができました。白村江の戦いから厳密に国境確定して、世界で一番模範的な国民国家になるという歴史を歩んできたのです。しかし、この時代になると、国民国家として、文明国として生きていくためには強い国にならなくてはいけない。それには植民地を持つ「帝国」にならなくてはならず、台湾を持つことにしたのです。

日本は台湾の総督として桂太郎（二代目）、乃木希典《まれすけ》（三代目）、児玉源太郎（四代目）などを送り込んでいますし、総務長官として赴任した後藤新平は衛生環境を整える、阿片中毒者を減らすなど、およそ植民地を統治するというより、慈善事業やっているんじゃないかとしか思えないことしかやっていません。

日清戦争の後、激しい抵抗にあいましたが、その後の植民地支配とは思えないような処遇をするうちに、台湾エスニックは日本ネーションに取り込まれていきます。面白いのは、大和民族に同化するのではなくて、台湾エスニックのまま日本国民にしていることです。エスニックとして意識が弱くなるということは、熊襲や蝦夷が日本国民になったように、どんどん同化していくことになるのです。ただ、台湾エスニックがどれくらい日本民族に同化したかというのは議論の余地がありますが、当時、日本国民の中に入ったというのは間違いありません。

そして、日露戦争後の一九一〇年には韓国を併合します。朝鮮は、ネーションとなる能力がまったく伴ってないのに、意思（というより気位）だけはあるので、ここでも非常に苦労をします。石橋湛山は台湾も含めたすべての植民地を手放すべきだという放棄論を展開しましたし、吉野作造などは小イギリス主義の日本版で、朝鮮ネーションのまま、大和ネーションの大日本エンパイアに残すくらいでいいのではないかといった具合です。いずれにしても植民地を持つことから距離を置いたほうがいいという主張も出ていました。ところが、やはり日本は韓国でも慈善事業的な植民地統治を行います。韓国の教科書に掲載されているのですが、十二年後の一九二二年には「ソウル全国女子テニス大会」をやっているくらいです。そういうことがあって、今、日韓の関係はどうなっているかを見るべきではないかと思うのです。

人権を尊重したのに「侵略」なのか？

日本は、第一次世界大戦で赤道まで統治範囲を広げてしまいました。今はリゾート地で有名なパラオなどでも、やっぱり慈善事業みたいなことやって、そのお陰であちこちに親日国ができました。

第二章の韓国のところでも触れましたが、満洲事変は、目の前で日本国民である朝鮮人がひどい目にあっているのを助けるべきだという人権論者の関東軍がきっかけを作りました。朝鮮人を、あんな奴ら放っておけという平和主義かつ差別主義の外務省に対して、同じ日本国民じゃないかという人権尊重論者の関東軍が勝ったのです。朝鮮人に対して、いいことをしてあげている。なのに、これ言うと怒る人が多いのです。朝鮮人の人権を尊重した結果、起こした満洲事変が「侵略」で、責められるべきだというなら、朝鮮人には人権がないことを認めることになるのです。この当時、「暴支膺懲《ぼうしようちょう》」と言って、「どうしようもない暴れん坊のチャイニーズを懲らしめるぞ」と言っているだけです。

同じ時代、気に入らない民族を皆殺しにするのがトレンドです。ウスタシャが何をやっていたか。ナチスが何やっていたか、スターリンが何をやっていたか。「○○民族を殺せ！」と叫んでいた時代です。ところが、日本の右翼でさえ誰一人「チャイニーズを皆殺しにしろ！」とは一言も言っていません。「鬼畜米英」だって本気ではありませんでした。日清戦争以降の日本は、酷いことばかりやっているように言われますが、実際には慈善事業をやっているという結論にしかなりません。私が「まじめに侵略しろ」というと、びっくりされてしまうのですが、列強のような冷徹さがないことは日本人にとって美徳である反面、こうしたところでは弱みになります。

日本が日清、日露戦争前に、海外に版図を広げようとしたのはただ一度、豊臣秀吉のときでした。そのときも、秀吉は国民国家の統一を終えてから満を持して出陣しています。しかし、ヨーロッパをはじめ、諸外国が対外戦争をするときというのは、秀吉のようにすべてが整ってからではありません。むしろ、室町時代末期の、応仁の乱の状態であるときが普通かもしれないくらいです。

室町時代の日本人というのは、明に行って、日本人同士で派手な武闘事件（一五二三年の寧波の乱）を起こすくらいハチャメチャです。三管《さんかん》四職《しき》なのに、足してみたら十一になっているみたいなでたらめですが、そういうでたらめができるくらいでなければ、大陸には関われないのです。

ただし、日本の歴史において、室町というのは突然変異みたいなものです。琉球を日本にした義教の代が頂点で、そこから一気に穏健になっていきます。戦国時代は実はだいぶ、穏健です。そこからさらに大人しくなったのが江戸時代です。

国際法の適用主体は誰なのか？

二〇一三年十二月に『嘘だらけの日韓近現代史』（扶桑社）のサイン会を開催したときのことですが、本の宣伝のコピーに「朝鮮人を人間扱いしたから大日本帝国が滅びた」と掲載したら、脅迫状が三通来ました。何が書いてあったかというと、「世界人権規約に反する！」とありました。世界人権規約というのは、条約なので、国際法の一種です。たぶん、脅迫状を書いた人は国際法が何かわかっていないのだろうと思います。国際法に違反できるのは国家だけです。条約を結んでいる主体が国家だから、一個人が違反できるものではないのです。私から見れば、キャッチコピーだけで脊髄反射しただけの非常にマヌケな話です。サイン会は、来るなら来い！　で、特等席をご用意しておいたのですが（笑）。

この植民地論は、実はリベラル系の人に褒められます。別にどちらかに寄っているとか、そういうことではなく、本当のことを書いたらそうなるというだけのことです。世界の歴史を見れば、イギリス人やフランス人が、アフリカ人やアジア人を人間扱いしていません。植民地というのは、本来「搾取する土地」ですから、相手を同じ人間だとは思わないのです。日本人は、たまたま自分たち国民と、別の国民を行きがかり上、帝国に組み込んだという感覚しかないので、そうなると本国と同じか、それ以上に慈善事業をやっているとしか思えないような投資をしてしまいます。

大日本帝国が滅びなかったら、台湾と同じで理想的な同化政策になっていたかもしれません。ただ、大日本帝国が滅びてしまった以上、それは失敗であったと断ぜざるをえません。『嘘だらけの日韓近現代史』のキャッチコピーは、本当のことをそのまま言っただけです。私を脅迫してきた人は、植民地なのに人間扱いをしてもらって、しかも、それで大日本帝国が滅んだのであれば、何を怒る必要があったのかと思います。

あのとき、脅迫状を送ってきた人で、もしこの本を読んで思い出した、やっぱり頭に来たという場合は、抗議文はビジネス社・佐藤宛でお願いします（笑）。

国体を守り抜くことが日本ネーションの務め

さて、現代。

日本は国境確定の段階に戻りました。明治時代に逆戻りです。

戦後、一度は潰されそうになった皇室も、何とか危機を乗り越え、今のところは国体を維持できていますが、安泰とはいえません。国体を守ることが、日本ネーションにとってどういうことか、再認識できたら、きっと学び方が違ってくるでしょう。

国史、歴史というのは、教える人に大局観が必要です。教科書の記述は決して偏向しているわけではありません。きちんとした歴史観を習っていない先生から教わると、事実の羅列だけでわからなくさせてしまうだけになります。

国語。方言が差別にならないのが、私たちの国、日本です。

国土。尺度の正しい地図で見れば、決して狭い、小さい領土ではありません。そして今、北は北方領土、中部の竹島、南は尖閣、沖縄で挟撃にさらされています。今、大久保利通や榎本武揚はいません。

あるのは、彼らが残した知見をわれわれが学び、生かすかどうかだけです。

おわりに　「史上最も格調高いヘイト本」

ある日、ビジネス社担当佐藤氏が企画書を持って、「倉山さん、どの民族が世界で一番愚かかを比較する本を書いてください」と依頼してきた。

私は即答で、「国民国家論でいきましょう」と答えた。そしてできあがったのが本書である。「世界で一番素晴らしい国民性の国は、昔の日本！」という結論がおわかりいただけたと思う。われわれは千数百年間、「大和民族（ネーション）中心の日本国民（ネーション）による日本国（ステート）」を当たり前と思っている。しかし、そんなノンキな民族は日本人だけである。世界の大勢が国民国家に向かうのは、ここ数百年の現象にすぎない。人類がようやく日本に追い付いてきたのだ。

では、読者諸氏は、本書で比較した民族の中で、誰が最も愚かだと思われたか。まさか、韓国だと思われたか。あの半島は常に大陸勢力と海洋勢力に小突き回され、周辺諸国の顔色を窺《うかが》っていきていくしかない。もともとの民族性も政治状況も、絶望的な状況だ。

翻って、我が国はどうか。

本気になれば何とでもなるのに、自分の意思で生きることを放棄している。どちらの愚かさの方が、罪が重いだろうか。

本書は「史上最も格調高いヘイト本」を謳《うた》っている。そして、難解な本でもある。チャイナ、コリア、パヨクの悪口を言って溜飲を下げている人々には読みこなせないだろう。それどころか、たいていの日本史学者が読めば脳髄が破裂するだろうから、軽く手を取るのは止めた方がいい。

しかし、本気で日本人の立ち位置を知り、未来への道しるべとしたい人は、軽く読みこなしてほしいと思い筆を取った。

果たして、ビジネス社担当佐藤春生氏の御眼鏡にかなったかどうか。

本書ではいつもながら、倉山工房の仲間の世話になった。高橋聖子、細野千春、徳岡知和子、雨宮美佐の各位に感謝して筆をおく。

【著者プロフィール】

倉山満　（くらやま・みつる）

香川県生まれ。憲政史家。

大学講師やシンクタンク所長などを経て、現職。現在は著述業の他、インターネット上で帝国憲法を学ぶ「倉山塾」、毎日YouTubeで配信している動画番組「チャンネルくらら」を主宰。

近著に、『真実の日米開戦　隠蔽された近衛文麿の戦争責任』（宝島社）、『工作員・西郷隆盛 謀略の幕末維新史』(講談社+α新書)、『国際法で読み解く戦後史の真実 文明の近代、野蛮な現代』(PHP新書)、『大間違いの織田信長』（KKベストセラーズ）、『悲しいサヨクにご用心!』（ビジネス社、杉田水脈氏、千葉麗子氏との共著）、『倉山満が読み解く足利の時代』（青林堂）、『日本一わかりやすい天皇の講座』『嘘だらけの日仏近現代史』（いずれも扶桑社）

世界の歴史はウソばかり—倉山満の国民国家論

2018年1月22日　第1刷発行

著　者　倉山　満
発行者　唐津　隆
発行所　株式会社ビジネス社
〒162－0805　東京都新宿区矢来町114番地
神楽坂高橋ビル5F
電話　03－5227－1602　FAX 03－5227－1603
URL　http://www.business-sha.co.jp/

〈カバーデザイン〉チューン　常松靖史
〈本文DTP〉茂呂田剛（エムアンドケイ）
〈印刷・製本〉モリモト印刷株式会社
〈編集担当〉佐藤春生〈営業担当〉山口健志

ISBN978-4-8284-2001-1

ビジネス社好評既刊

真実の朝鮮史【1868-2014】

宮脇淳子・倉山満

韓国人の歴史観はすべてファンタジー

大陸と日本列島の二方向の視点から朝鮮半島の現実を照射

本体1600円＋税

ISBN978-4-8284-1762-2

真実の朝鮮史【663-1868】

宮脇淳子・倉山満

国というより単なる地名!?

古代から近世まで半島の歴史の常識を覆す

好評シリーズ第二弾

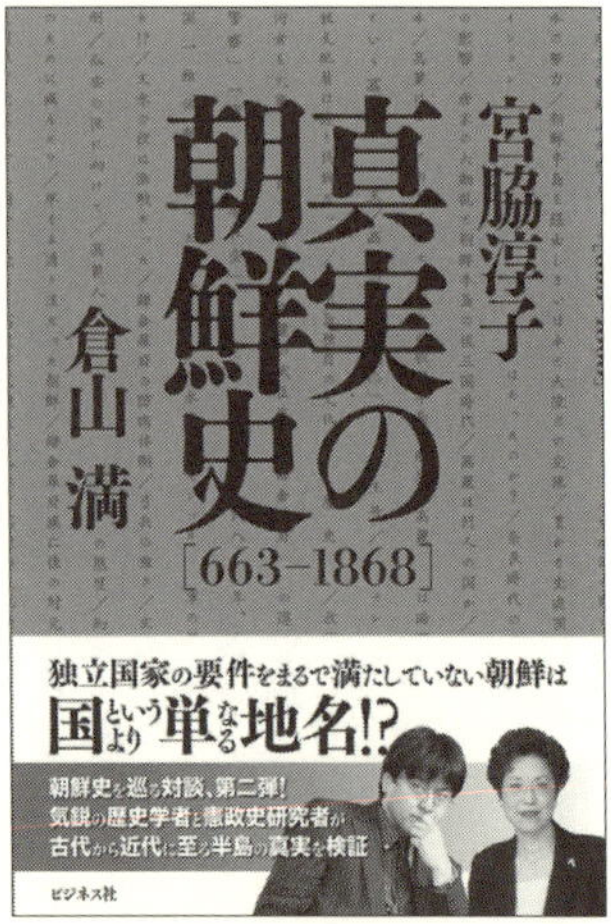

本体1600円＋税

ISBN978-4-8284-1767-7